周思成 著

王安石『强辩』考
十一世纪中国政治的常识与诡辩

贵州出版集团
贵州人民出版社

我曾经赤裸裸地见过他们二者,
最伟大的人与最渺小的人。
他们彼此实在太相似了——太人性了,
甚至最伟大的人也是如此。

——尼采《查拉图斯特拉如是说》

目录

序 言 ……………………………… 01

第一章 是孟子，还是少正卯？ ………… 001
  一、唐介之死 ……………………… 001
  二、"如出一口" …………………… 007
  三、自缘身在最高层 ……………… 014
  四、少正卯的骂名 ………………… 024
  五、荆公之辩术（上）…………… 029
  六、荆公之辩术（下）…………… 039
  七、尧桀是非，终成一梦 ………… 049

第二章 庙号称"神"者 ………………… 057
  一、卡夫卡式皇权？……………… 057
  二、说难 …………………………… 063
  三、寡人好辩 ……………………… 074
  四、棋逢敌手 ……………………… 081

第三章 政治角力场 ·············· 089
一、君臣一日 ················ 089
二、"议" ··················· 093
三、"对" ··················· 097
四、墨汁,还是唾沫? ·········· 102

第四章 辩手如林 ·············· 110
一、"熙宁点将录" ············ 110
二、吕惠卿 ·················· 113
三、"惇七" ·················· 120
四、曾布和其他人 ············ 131

第五章 旧人寥落 ·············· 137
一、"细腰"政治学 ············ 137
二、君子无辩,小人有辩 ········ 141
三、前赴乏后继 ·············· 145
四、"佞史""谤书"中的"真相" ··· 156
五、一个小结 ················ 163

第六章 天何言哉 ·············· 167
一、卖果实与华山崩 ·········· 167
二、政治神学危机 ············ 170
三、荆公说天变 ·············· 177

四、失败的重建 …………… 181

第七章 "民本"陷阱 …………… 190
　　一、民意的干预 …………… 190
　　二、圣人和愚民 …………… 194
　　三、王安石：民意表达的悖论 …………… 201
　　四、愚民的狂欢 …………… 206

第八章 国善国恶 …………… 216
　　一、"高利贷"与田园诗 …………… 216
　　二、毁了道义经济？ …………… 221
　　三、富人的用处 …………… 227
　　四、官家之惠 vs 豪强之暴 …………… 235

结　语 …………… 246
　　"话语" …………… 246
　　"思想" …………… 247
　　"政治" …………… 249
　　"人" …………… 252

主要参考文献 …………… 255
后　记 …………… 272

序言

一

熙宁二年（1069）到熙宁八年（1075），这7年，是两宋历史上一个罕见的喧嚣时代。

这个时代，以宋神宗从江宁府（今南京）召王安石入京，迅速提拔他为参知政事（副宰相），全面推行"新法"而拉开帷幕，以王安石第二次罢相、黯然退归江宁而奏响终止符。从熙宁二年开始，短短6年间，王安石在宋神宗全力支持下，紧锣密鼓推出了均输、市易、青苗、免役、方田均税、农田水利、保甲、保马、将兵等十余项"新法"，期待以近似大规模政治动员和国家运动的方式，一举解决"三冗"——冗官、冗兵、冗费——重压下的北宋王朝面临的财政危机和社会痼疾。

尽管变法派打出了"举先王之政，以兴利除弊，不为生事"、"为天下理财，不为征利"的大旗，这一揽子新法仍在朝野引发了轩然大波：在风气日趋保守的朝堂之上，围绕每一项新法的酝酿制定出台，新法派和反对派都要吵得面红耳赤，势不两立，后人形容当时情景：

> 一令方下，一谤随之。今日哄然而攻者，安石也；明日哗然而议者，新法也。台谏借此以贾敢言之名，公卿藉此以邀恤民之誉，远方下吏随声附和，以自托于廷臣之党，而政事之堂，几为交恶之地。❶

的确，这种政治辩论，常常升级为恶语相向，直至闹到御前，皇帝只好亲自出面圆场："相与论是非，何至是？"不止一人觉得，这类举动有失大臣和读书人的体面，有人抱怨："今政事堂忿争相诟，流传都邑，以为口实，使天下何观焉？"❷不论是贤名甚著的元老重臣，如富弼、欧阳修、范镇、文彦博、吕公著，还是前途无量的政治新星，如苏辙、程颢、范纯仁、陈襄、刘挚，一旦与新法派议论不合，便以各种方式被摈斥出中央决策层，或投置闲散，或离京外任；同时，一些比较陌生的、年轻的面孔，就是日后被斥为"新进小人"的官员，很快出现在官僚体系的各个关键岗位上；受到"新法"的牢笼和驱策，从京师到各路的官民，甚至隐隐感受到震动的"北虏"和"西贼"，纷纷或被动或主动，甚至是不计成本地调整各自的利

---

❶ 章衮：《王临川文集序》，《王安石年谱三种》，第201页。
❷ 苏轼：《上神宗缴进拟御试策》，《宋朝诸臣奏议》，第1236页。

益、行为和预期:一些新的机构和组织成立了,一些新的诱惑出现了,一些新的强制也降临了。过不了多久,从各地流出的钱帛、米粮,一袋袋,一车车,被来回调运或者干脆封桩入库,好应对那人人预感必将发生的更大事件,或者说,军事灾难……

总之,在许多变法的亲历者看来,"士夫沸腾,黎民骚动",正是新法最直截、最迅速,也是为数不多的"见效"。随之而来的,是百年来祖宗以"仁恩厚德"培育成的理想世界的全面崩塌,所有人都身不由己地被卷入这个盛世崩塌留下的可怖黑洞中:

> 今介甫为政,尽变更祖宗旧法。先者后之,上者下之,左者右之,成者毁之,弃者取之,砣砣然穷日力,继之以夜而不得息。使上自朝廷,下及田野,内起京师,外周四海,士、吏、兵、农、工、商、僧、道,无一人得袭故而守常者,纷纷扰扰,莫安其居。[1]

二

在这一片喧嚣和纷乱之中,总有一些声音似乎格外响亮,还格外刺耳。

---

[1] 司马光:《与王介甫书》,《司马光集》,第1260页。

熙宁二年（1069）的某一天，众宰相和执政官员到政事堂聚议新法。传说，新提拔的参知政事王安石风头正盛，"下视庙堂如无人"。会议才开始不久，王安石和同列某官就一言不合，起了争执，旁人连忙打圆场。新参政从椅子上噌的一下站起来，怒视周遭诸人，最后，咬牙切齿地挤出一句"狠话"：

> 君辈，坐不读书耳！[1]

大约就在同一时期，监察御史里行张戬（大哲学家张载之弟），也是为了反对新法，专程找上政事堂，与王安石理论。二人辩论良久，张戬援引儒经中的典故立论，王安石哂笑一声，语带讥讽地说：

> 安石却不会读书，贤（指张戬）却会读书！？[2]

这句反话噎得张戬半天没有吭声。在王安石眼中，他的"良法美意"不受反对派待见，根本乃是由于这帮人不学无术，泥古不化。为此，他专门告诫神宗，"流俗之人，罕能学问，故多不识利害之情"，无法理解新法带来的利益，所以"好为异论"，完全没必要理睬。[3]

---

[1] 邵博：《邵氏闻见后录》卷20，第179页。
[2] 程颢、程颐：《二程集》（上），第255页。
[3] 李焘：《续资治通鉴长编》卷223，熙宁四年五月癸巳。

新法派中另一著名人物——章惇，在后变法时代成为宰相，力主"绍述"，大肆迫害元祐党人，在熙宁年间却不大受王安石看重。不过，此人的作风和王安石倒有几分神似。元祐初年，旧党得势，欲尽废新法，章惇操着一口带点福建口音的官话，竭力为新法辩护：

> 与同列议事，一不合意，则连声骂曰："无见识！无见识！"❶

台谏官员就据此攻击他"纵肆猖狂""无大臣体"，认为"此语，虽市井小人，有不轻发也，而惇以为常谈"。

"不读书""无见识""没学问"，类似的人身攻讦，在科举社会，在无不自诩博学鸿儒的官僚士大夫听来，大概要算最伤自尊的侮辱，在北宋政治中却也常见，台谏的弹章、贬降的制词，往往有之。至于气急败坏，在情绪失控的应激反应中，将政治的分歧，首先归结为竞争对手的智识、学问上的缺陷，而不是先论出身、阶级、信仰、种族、阴谋等，尤见得北宋的书生政治家有质朴可爱的一面，往坏了说就是迂腐、书呆子气。但是，这总归是努力让政治超越狭隘的情境、利益和权力关系，显示政治是可以（至少在一个相对平等、均质的文化精英圈子内部）通过公开、理性的论证或说服来推进的。这还涉及一个古老而新鲜的政治哲学问题：智识的差别（intellectual

---

❶ 李焘：《续资治通鉴长编》卷369，元祐元年闰二月庚戌。

distinction）能否转变为政治优势？❶或者说,最有"学问"、最会"读书"的人,最有资格治理国家吗?

尽管宋代政治制度缺少可供官僚士大夫内部进行政治辩论以弥合分歧、达成共识的理想机制,毕竟要承认,这些问题的出现,显示了政治行为者与制度环境都具有相当程度的"合理主义"。❷

当然,这只是事情的一面。

熙宁四年(1071)的另一天,御史中丞杨绘(反新法派)提醒宋神宗,得多关心一下不愿附和新法而纷纷出走的元老重臣:"今旧臣告归或屏于外者,悉未老。范镇年六十三,吕诲五十八,欧阳修六十五而致仕,富弼六十八被劾引疾,司马光、王陶皆五十而求闲散,陛下可不思其故耶?"杨绘还提议,及时选拔人才出任翰林学士、知制诰等清要职务,以备顾问,储人才,因为"堂、陛相承,不可少"。在场一些官员纷纷表示赞同。

用房屋建筑来譬喻朝廷的人事结构,是一种惯常的做法。宋太宗就自夸对"内外官吏,皆量才任职,喻如匠者架屋,栋、梁、榱、桷,咸不可阙也"。❸王安石给一代大儒胡瑗写诗,

---

❶ 朱迪丝·N.施克莱:《政治学与知识分子》,氏著:《政治思想与政治思想家》,第153页。
❷ 张其凡先生就以宋人论辩国事时大谈道理的风气,即"以理论事",为政治开明开放之表现,见《"皇帝与士大夫共治天下"试析——北宋政治架构探微》,第203页。
❸ 李焘:《续资治通鉴长编》卷25,雍熙元年十二月甲辰。

期待他能得到重用:"先收先生作梁柱,以次构架桷与榱。群臣面向帝深拱,仰戴堂陛方崔嵬。"❶至此,一切都很正常。孰料就在此时,王安石站出来,以一种莫可名状的揶揄语气发表了一番议论:

> 诚如此。然要须基能承础,础能承梁,梁能承栋,乃成室。以粪壤为基,烂石为础,朽木为柱与梁,则室坏矣!❷

这番驳斥,不仅堵住了杨绘之口,又顺势借"基""础""柱""梁"这一连串譬喻,将旧党上上下下的元老、中坚和新锐通通嘲讽了一遍,可谓巧妙而极尽刻薄。❸这里,用的是类比,却不是在说理,而是一种人身攻击,诉诸情绪而非诉诸理性,效果不错——史书十分简略地记下了神宗皇帝的反应:"上笑。"

其实,王安石讥为粪壤、烂石、朽木之辈,许多原是他的故交和诤友。比如欧阳修,作为前辈,提携青年王安石不遗余力,既赠诗勉励:"翰林风月三千首,吏部文章二百年。老去自怜心尚在,后来谁与子争先?"又上奏宋仁宗夸他"议论通明,兼有时才之用,所谓无施不可者"。后来,王安石也深情悼

---

❶ 王安石:《寄赠胡先生》,《王安石诗笺注》,第719页。
❷ 李焘:《续资治通鉴长编》卷224,熙宁四年六月甲子。
❸ 罗家祥:《朋党之争与北宋政治》,第21页。

念欧阳修,以为"如公器质之深厚,智识之高远,而辅学术之精微",故"英魄灵气,不随异物腐散,而长在乎箕山之侧与颍水之湄"。❶到了庙堂的政治辩论中,逗一时口舌,老前辈就划入了烂石朽木。无怪乎后世传言,王安石曾对宋神宗污蔑欧阳修:"如此人,在一郡则坏一郡,在朝廷则坏朝廷,留之安用?"❷也无怪乎后来杨时笑他"说多而屡变",❸陈瓘骂他"取快而言,乍强乍弱,况随其喜怒而论君子、小人哉"。❹王安石自己说过,"君子之所不至者三",其一是"不失口于人",❺这条箴诫,不妨原物奉还给荆公。

梁任公读罢宋史,不禁感慨:"政见自政见,人格自人格,独奈何以政见之不合,党同伐异,莫能相胜,乃架虚辞以蔑人私德,此乃村妪相谇之穷技,而不意出乎贤士大夫也。"❻从高度情绪化和道德化的攻讦,包括后来的"君子-小人""朋党"等议论,又见得"泛道德主义"(pan moralism)在宋代仍有挥之不去的浓重暗影。它就像一个散发恶臭的巨大泥沼,任你如何爱惜羽毛,都无法全身而退。

---

❶ 王安石:《祭欧阳文忠公文》,《王安石文集》,第1490页。
❷ 《宋史·王安石传》。李焘:《续资治通鉴长编》卷224,熙宁四年六月甲子。
❸ 《王安石年谱三种》,第270—271页。
❹ 李焘:《续资治通鉴长编》卷238,熙宁五年九月丙午。
❺ 王安石:《礼乐论》,《王安石文集》,第1152页。
❻ 梁启超:《王安石传》,第2页。

三

本书的聚焦点，正是熙宁这个喧嚣时代的唇枪舌剑：理智的、诡辩的、冷静的、狂热的、善意的、险恶的……不为贪看热闹，而是有以下三点用意：

在两宋迄今的褒贬不一、聚讼纷纭的众多史料中，对王安石却有一个相当一致的评价，就是说他性喜"强辩"："强辩自用"（赵抃），"强辩背理"（《宋史》本传），"率以强辩胜同列"（邵博），"直是强辩，邈视一世"（朱熹）……"强辩"，这一北宋晚期以来王安石的恶谥，既是一种行为描述，又是一种负面评价，与真实世界中他本人的鲜明个性脱不了干系，又是元祐、绍兴等时期，新法反对者主导的历史书写中对王安石和王安石集团的历史形象进行建构的一个关键元素。王安石等人的"强辩"，先在传统史学中被脸谱化、污名化，后在聚焦社会经济层面的现代史学中被边缘化，其实还有值得重新审视的价值。从这个意义上说，本书是一部面目稍显特殊的王安石传记。

广泛而激烈的政治辩论，在北宋历史上不止一二次，有日本学者喻为现代的"议会论战"。[1]不过，熙宁时代尤其独特。朱熹说，比起汉唐，本朝胜在"议论"，"自仁庙后而蔓衍于熙丰。若是太祖时，虽有议论……无许多闲言语也"。[2]所谓"熙丰"，主要指熙宁。到元丰年间，王安石早已退出政治舞台，神

---

[1] 平田茂树：《宋代政治结构研究》，第59页，引梅原郁。
[2] 黎靖德编：《朱子语类・本朝一・钦宗朝》，第3051页。

宗亲自主持变法，"事皆自做，只是用一等庸人备左右趋承"，❶国是既定，诏狱屡兴，喧嚣不再，议论反而显得沉闷，甚至有些压抑，到了元祐初年，之前被压抑的议论又得到了一轮释放，可视为熙宁的延续。所以，叶适说得更准确："本朝议论行事为三节：庆历也，熙宁也，元祐也。"❷此外，熙宁时代这些文字和口头的竞争，哪怕有时不过是争意气，犹如"村妪相诤"，也绝非清谈，而是对现实的政治进程有直接影响，乃至最终左右了新法的成败。比如，推行青苗法时，尽管阻力巨大，王安石独立朝堂：

> 在廷（指宰相曾公亮、陈升之，以及范镇、李常、吕公著等）交执不可，安石傅经义，出己意，辩论辄数百言，众皆不能诎。❸

所以，历史书写中的王安石形象，往往是一个靠着巧舌如簧取悦神宗，趁机窃取权力的奸佞：

> 安石有口辩，上常悦，所言皆听，以此日益多所变更。❹

---

❶ 黎靖德编：《朱子语类·本朝四·自熙宁至靖康用人》，第3096页。
❷ 叶适：《习学记言》卷48。
❸ 王称：《东都事略》卷79《王安石传》。
❹ 王瑞来：《宋宰辅编年录校补》第2册，第384页。

当然，除了王安石的辩论性格和才能，皇帝的个性和施政作风，宋代政治决策中颇受研究者重视的"对"和"议"，皆为政治辩论的展开提供了机会和场域，后文都会一一触及。从这个意义上说，本书也是以"言语"或者说"辩"为核心的一个熙丰政治侧影。

最后，新世纪学者倾向于从政治而非社会经济角度来解读"王安石变法"的历史意义。所谓政治，涵盖了人物、事件、制度等。本书更关注政治思想。当然，政治思想是一个复杂的领域，具有多层次性。[1]准确地说，本书关注的是作为政治思想底色的政治观念，探索行动者习染的政治思想结构（某种意义上可称"常识"）如何影响了制度、政策及其他政治活动，也就是思想与政治、社会的互动。[2]

据说，在新儒学的刺激下，宋代是先秦诸子以后政治思想最为活跃的时期。[3]中国传统政治思想中的许多重大命题，如天命、人性、王权、君臣、正统、华夷、礼法，等等，历数千载之演进，至宋代已发展得十分成熟。[4]在现实政治中，这些思想元素以或潜或显、或强或弱的方式影响着宋人的倾向和选择。不过，在熙宁时代的政治辩论中，这些形而上的"大观

---

[1] 刘泽华：《中国传统政治思想反思》，第4页。
[2] 这比较类似政治史研究中的"政治文化"路径，见余英时：《朱熹的历史世界：宋代士大夫政治文化的研究》，第28—30页。不过，本书并未采用"政治文化"这一定义纷纭的术语。
[3] 刘子健：《欧阳修：十一世纪的新儒家》，第32页。
[4] 萧公权：《中国政治思想史》（上），第10页。

念",本身还不算是主角。政治辩论带有明显的情境性、工具主义和机会主义,如何从这类"表话语"中解析出"里话语",即书生政治家对理想或现实的政治本质、政治关系以及统治技术的一般认知、预设、思维结构,是一项困难而有趣的挑战。梁任公指出,研究政治思想史有三种路径:专题(如天下、国家、民本),年代(通贯、先秦、唐宋),宗派(如儒家-法家,道学-功利)。❶这里是截取一个特殊的政治年代为横切面,观其汇聚,观其沉淀,观其激荡,观其向后变化之端倪,并尝试解决一个问题:为什么北宋晚期看似思想活跃,交流频繁,却没有通向成功的政治变革?

  以上就是本书的蓝图,至于究竟实现了几分,就留待读者来批评吧。

---

❶ 梁启超:《先秦政治思想史》,第16—17页。

第一章　是孟子，还是少正卯？

一、唐介之死

参知政事唐介死了，履职才满一年。据传，他是成天跟人吵架，吵不过气死的。

在北宋中期政坛上，唐介绝非等闲之辈。早在仁宗朝，士大夫间就盛传，如今朝廷出了一位"真御史"——唐子方（唐介字）。

宋代的中央监察制度（御史台和谏官）十分独特：在君主官僚政体的中枢权力结构中，皇帝、宰执和台谏，隐隐成三足鼎立之势。尽管台谏几度沦为权臣或党派的"鹰犬"，学者仍然觉得，这个格局已经有了一点分权制衡的苗头，在许多场合有效地遏制了行政权力溢出正常的边界。[1]这恐怕是"人治文化"的大框架下，权力运行的政治理性能够成长到的极限。宋仁宗赵祯（1010—1063）又是一位史上不多见的开明君主，"恭俭仁恕，出于天性"[2]，简直是士大夫政治梦寐以求的理想君主。因

---

[1] 虞云国：《宋代台谏制度研究》，第152—170页。
[2] 《宋史·仁宗本纪赞》。

此，仁宗朝成了台谏的黄金年代，宋人就觉得，"台谏之盛，始于庆历"。❶正是这个难得的历史环境，成就了唐介的政治生命。

唐介崭露头角，多亏了宋仁宗打算格外优待他宠爱的张贵妃（温成皇后）的伯父张尧佐，宣布要给他一连加上宣徽南院使、淮康军节度使、群牧制置使、景灵宫使等四大头衔，舆论哗然。迫于台谏的压力，皇帝只好让步，改任张尧佐为宣徽使、判河阳（治所在今河南孟州市西）。殿中侍御史唐介不依不饶，上奏反对，连带指责宰相文彦博勾结宫掖，扬言："臣忠愤所激，鼎镬不避，何辞于谪？"仁宗盛怒之下，将唐介远贬岭南，又害怕他性格刚烈，死在途中，专门派遣宦官看护他南下，文彦博也终因此罢相。此事过后，唐子方"真御史"的风采耸动天下。❷

时人以为，唐介个性"简伉"，甚至"狂直"，然属实敢言，所以"每言官出缺，众皆望介处之"。❸其实，能把好脾气的仁宗气坏，唐介何止敢言，还词锋锐利，丝毫不留情面。在张尧佐事件中，御史台全体官员上殿谏争，仁宗一看他们来势汹汹，不耐烦地搪塞说："岂欲论张尧佐乎？节度使粗官，何用争？"资历尚浅的唐介率先上前，一句话就将仁宗顶了回去："节度使，太祖、太宗皆曾为之，恐非粗官！"史称，仁宗听

---

❶ 吕中：《类编皇朝大事记讲义》，第314页。
❷ 关于张尧佐事件，参见张邦炜《宋代皇亲与政治》，第241—243页。
❸ 《宋史·唐介传》。

后竦然。❶后来，唐介回朝任官。有一天，仁宗和他聊起往事，不以为然地表示："朕向用张尧佐，而言者指言，用尧佐必有明皇播迁之祸。朕果用之，岂遂如明皇播迁乎？"因为，唐介当初直言极谏，就"引天宝杨国忠为戒"。❷仁宗言下之意是，卿等未免大惊小怪，任用一外戚而已，何至于酿成安史之乱？仁宗暮年没有子嗣，又很不甘心别选宗室入继，皇位继承容易出岔子，朝野抱怨也不少。于是，唐介竟回答：

用尧佐未必播迁。使陛下播迁，则更不及明皇。盖明皇有肃宗，兴复社稷，陛下安得有肃宗乎？❸

唐玄宗晚年宠信杨国忠、杨贵妃兄妹，结果"渔阳鼙鼓动地来，惊破霓裳羽衣曲"，玄宗只好入蜀避难，留下太子即后来的唐肃宗纠集边兵，复兴唐室。假设，陛下真落到唐玄宗那般下场，别人好歹还有儿子，可您呢？史言，仁宗听后"变色"。

这就是唐介在史书中的形象。

宋神宗继位不久，或许觉得这位老臣是仁、英两朝的"遗直"，先让他当主管财政的三司使，熙宁元年（1068）正月又提拔他做参知政事。唐大参"居政府，遭时有为"，眼看

---

❶ 李焘：《续资治通鉴长编》卷169，皇祐二年八月闰十一月癸亥。
❷ 江少虞：《宋朝事实类苑》卷17，第207页。
❸ 李焘：《续资治通鉴长编》卷188，嘉祐三年九月辛巳。

就要大展宏图。别人对他的期待也很高，神宗向司马光打听这一人事任命怎么样，得到的答案是："介素有刚劲之名，外人甚喜。"❶

可是，熙宁二年二月庚子（三日）这天，他在政事堂内发现多了一位要天天碰面的新同僚，而且是一个他很讨厌的人。

再过了两个多月，这年的四月丁未（十一日），唐介死了！

很快，京城内的大街小巷就传开了，害死唐介的就是他那位新同僚——王安石。

唐介是因为争论不过王安石，发病气死的，这个说法，并非南宋以后编出来的。当时就有人这么断定——御史中丞吕诲，他在当年上了一封著名的奏章，揭发王安石的十大罪状，以为"误天下苍生，必斯人也"，其中就说，王安石在辩论中强横霸道，而唐介是个实诚人，说不过王安石，所以气得疽发身亡，自此以后，无人再敢与王安石针锋相对：

> 凡奏对御座之前，惟肆强辩。向与唐介争论谋杀刑名，遂致喧哗，众非安石而是介。介忠劲之人，务守大体，不能以口舌胜，不幸愤懑，发疽而死，自是同列尤甚畏惮，虽丞相亦退缩不敢较。是非任性，凌轹同列，其事八也。❷

吕诲说的"争论谋杀刑名"，是宋代有名的大案"阿云之

---

❶ 黄以周等：《续资治通鉴长编拾补》，第88页。
❷ 《王安石年谱三种》，第431页。

狱"。登州女子阿云，在为母服丧期间被许聘给了男子韦某。她嫌弃未婚夫容貌丑陋，趁对方熟睡时砍了他十几刀，但未毙命。案发后，阿云被官府逮系，临要刑讯才吐实。王安石等人觉得，阿云毕竟主动认罪，有"自首"情节，主张减刑，并说服神宗颁为定例。但是，朝中也有许多人表示反对，双方争吵不休，唐介就是反对者之一。❶至于他是否因为"不能以口舌胜，不幸愤懑，发疽而死"，清人蔡上翔就以为纯属污蔑："人死于病疽，常也。介年六十而死，尤常也"，何况，一个流放岭南都没死的人，怎会"死于争论失出一妇人"？❷

根据传统医学的解释，唐介的死因——"疽"，是因五脏不调而生发的大肿块溃烂，主要是由愤怒、悲伤、惊惧等剧烈的情绪波动诱发的，特别是"非愤极不成"。如果生长在脏腑经络汇聚的背部，在古代算是绝症，这都符合唐介死前的情况。不过，学者指出，自《史记》之后，传统史书中出现过大量历史人物由于疽发而死的记载，几乎无代无之。这其实是一种史学叙事，寄寓着史家的褒贬笔法和微婉宗旨，表示怜悯、诅咒等不同的情感和道德评价。❸从这个角度看，史书叙述唐介死于疽发，多半是刻意渲染大好人唐介不幸遇到大奸臣王安石，激烈争吵不胜，愤懑而终的悲剧色彩。其实，在《宋史》中，王安石的爱子王雱也是"愤患，疽发背死"。史家这样写，却不是

---

❶ 徐道隣：《中国法制史论略》，第295—299页。
❷《王安石年谱三种》，第435页。
❸ 潘务正：《"疽发背而死"与中国史学传统》。

表示同情了。在反新法派看来，王雱是在王安石身边为虎作伥之人，甚至谣传有人在阴曹地府看到他"带铁枷，良苦"。❶因此，说王雱死于疽发，是在暗示某种天道谴责和轮回报应。

话说回来，唐介的确同王安石很不对付。在神宗召用王安石之前，唐介就当面对皇帝贬低王安石"好学而泥古，故议论迂阔，若使为政，必多所变更"。待到二人同在中书门下，又因为别的事情龃龉不断，宋神宗还拉偏架，"（唐）介自是数与安石争论。安石强辩，而帝（神宗）主其说，介不胜愤，疽发于背，薨。"❷

公正一点说，熙宁元年到二年间，唐介的健康状况肯定已经出了问题，工作环境的紧张，大概加剧了病情。自从唐介和王安石在中书门下共事开始，二人几乎没在一件事上达成过一致，"议论未尝少合……其议论不合，多至相侵"。❸按照他们的个性，六十岁的唐大参和比他小十一岁的王大参之间的碰撞，必定令人目瞪口呆，可惜没留下太多记载。唯有好事者编出一个段子，讥讽当时的宰执班子是"生、老、病、死、苦"，说的正是"介甫（王安石）生、明仲（曾公亮）老、彦国（富弼）病、子方（唐介）死、阅道（赵抃）苦"。❹

唐介的政治资本和政治声誉，是在仁宗统治的中后期获得

---

❶ 方勺：《泊宅编》卷中，《全宋笔记》第2编第8册，第226页。
❷《宋史·唐介传》。邵伯温：《邵氏闻见录》，第141页。
❸ 魏泰：《东轩笔录》卷9，《全宋笔记》第2编第8册，第64页。
❹ 魏泰：《东轩笔录》卷9，第68页。

的，他可算庆历新政失败后，以君臣个人德行和政治安定为焦点的那个时代的象征性人物。因此，他同王安石的争论，还有他的黯然退场，也就象征着：经过短暂的英宗时代，两类不同的政治人物，行将开启的新时代和旧时代，已经发生了碰撞，这个最初邂逅显然是个不太美妙的预兆。

二、"如出一口"❶

不论唐介之死和王安石的"强辩"有无关联，吕诲上奏，早在熙宁二年六月，此时，王安石任参政、议新法才半年不到，"惟肆强辩"这个标签已经贴到了他身上。当然，王安石周遭的人，觉得"强辩"是他政治作风的一大特征，乃至难以容忍其人格缺陷的，远不止吕诲一人。

富弼：

> 如安石者，学强辩胜，年壮气豪。论议方鄙于古人，措置肯谐于僚党？❷

曾公亮：

---

❶ 司马光：《与王介甫书》："士大夫在朝廷及自四方来者，莫不非议介甫，如出一口。"见《司马光集》，第1256页。
❷ 王明清：《挥尘录·余话》卷1，第225页。

> 王安石但欲己议论胜耳！……此言若诬，天实临之！❶

> 窃观安石，平居之间则笔舌丘、旦，有为之际则身心管、商。至于忽故事于祖宗，肆巧诋于中外，喜怒在我，进退其人。待圣主为可欺，视同僚为不物。❷

赵抃：

> 安石强辩自用，诋天下公论以为流俗，违众罔民，顺非文过。❸

刘述、刘琦、钱顗：

> 同列畏其强，陛下惑其辩。❹

范纯仁：

> 执政王安石……专任己能，不晓时事，而又性颇率易，

---

❶ 杨仲良：《皇宋通鉴长编纪事本末》卷68《青苗法上》。
❷ 曾公亮：《上神宗自劾疏》，《宋朝诸臣奏议》卷109，第1190页。
❸ 《宋史·赵抃传》。
❹ 黄以周等：《续资治通鉴长编拾补》，第218页。"辩"原作"辨"，古文二字本通用，后文史料中的"辨"，明显指论辩之意的，皆改作"辩"。

轻信难回，举意发言，自谓中理。❶

司马光：

介甫素刚直，每议事于人主前，如与朋友争辩于私室，不少降辞气，视斧钺鼎镬如无也。及宾客僚属谒见论事……或所见小异，微言新令之不便者，介甫辄艴然加怒，或诟骂以辱之，或言于上而逐之，不待其辞之毕也。❷

（伪）苏洵：

口诵孔、老之言，身履夷、齐之行，收召好名之士、不得志之人，相与造作言语，私立名字，以为颜渊、孟轲复出，而阴贼险狠，与人异趣。是王衍、卢杞合而为一人也。❸

苏轼：

名高一时，学贯千载；智足以达其道，辩足以行其言；

---

❶ 范纯仁：《上神宗谕刘琦等责降》，《宋朝诸臣奏议》卷109，第1190页。
❷ 司马光：《与王介甫书》，《司马光集》，第1259页。
❸ 苏洵：《辨奸论》，《三苏全书》第6册，第234页。世传王衍（夷甫）善辩玄理，"义理有所不安，随即改更，世号'口中雌黄'"，唐代奸臣卢杞也是相貌丑陋而能言善辩。

瑰玮之文足以藻饰万物，卓绝之行足以风动四方；用能于期岁之间，靡然变天下之俗。❶

程颐、程颢：

此学（指荆公新学）极有害。以介甫才辩，遽施之学者，谁能出其右？始则且以利而从其说，久而遂安其学。❷

刘安世：

虽天下人，群起而攻之，而金陵（王安石）不可动者，盖有八个字，……曰：虚名、实行、强辩、坚志。……论议人主之前，贯穿经史今古，不可穷诘，故曰：强辩。❸

吕惠卿：

臣之为官属，安石亦尊礼臣，不与他等，至与之极口争事，未尝怒也。❹

---

❶ 苏轼：《王安石赠太傅制》，《苏轼文集》，第1077页。
❷ 程颢、程颐：《二程集》（上），第50页。
❸ 马永卿辑：《元城语录解》卷上，第9—10页。
❹ 李焘：《续资治通鉴长编》卷268，熙宁八年九月辛未。

陆佃：

> 安石性刚，论事上前，有所争辩，时辞色皆厉。❶

前面说过，南宋朱熹也说他"直是强辩，藐视一世"，而且认为，别人怀疑王安石女婿蔡卞伪造《王安石日录》，其实简直是一眼真，因为"其词锋笔势，纵横捭阖，又非安石之口不能言，非安石之手不能书也"。❷王安石在江宁的故居半山园旁有一土丘，俗称"谢公墩"，相传是东晋谢安（字安石）的故宅遗址，也是王安石日常游憩之地。他戏作过一首小诗，以为如今这个地名不妨改为"王公墩"："我名公字偶相同，我屋公墩在眼中。公去我来墩属我，不应墩姓尚随公。"文人胡仔借机戏谑说："介甫性好与人争：在庙堂，则与诸公争新法，归山林，则与谢安争墩。"❸可见，再往后，"强辩"这个标签，不仅和王安石的历史形象和人物评骘再难分离，甚至口舌之外的荆公文章、诗词，也被某些有心人发掘出好争辩的个性印记，包括后人对他书法艺术的品鉴——"躁扰急迫"，大概也与此有关，这些显然是北宋人想不到的。

综合上述"指控"，强辩的表面意思是清楚的："强"是说王安石自恃学问高超，又有神宗撑腰，藐视同僚，蛮横无理；

---

❶ 陆佃：《陶山集》卷11《神宗皇帝实录叙论》。
❷ 朱熹：《读两陈谏议遗墨》，《朱子全书》第23册，第3378页。
❸ 胡仔：《苕溪渔隐丛话》前集卷33，第227页。

"辩"是说他思维敏捷，善于论辩。在王安石的反对者看来，他的"强辩"就是一种权势加持的无理之辩。

王安石"强辩"，是不是无中生有、众口铄金的污蔑呢？倒也不全是。他的政敌、诤友、同僚、门生，一致认为他存在这个毛病，而且犯起来不大分对象和场合，对朋友、对属下、对同官、对圣上，态度上或许有些差异，本质上还是一样的。至于究竟说他是"强辩"还是"雄辩"，首先是个判断和立场的问题，根子在政见分歧。王安石多半觉得自己是"雄辩"，是在"辟邪说，难壬人"。❶

退居江宁后，王安石写过一首《杖藜》诗：

> 杖藜随水转东冈，兴罢还来赴一床。
> 尧桀是非时入梦，因知余习未全忘。❷

六十岁以后的王安石，在江宁颇为闲适，每天悠游山水，寻访寺院，参研佛理，与友人联句，再修订几篇《字说》，一派退休后的学者生活。尽管如此，他仍感神宗知遇之恩，不能忘情政治，"西望国门搔短发，九天宫阙五云深"，难免不时想起当年朝堂上过于黑白分明，拼命较量是非的憨劲。"尧桀是非时入梦"，化用《庄子·大宗师》"与其誉尧而非桀也，不如

---

❶ 王安石：《答司马谏议书》，《王安石文集》，第1270页。
❷ 王安石：《杖藜》，《王安石诗笺注》，第1509页。

两忘而化其道"的说法，❶表达了渴望"不谴是非，以与世俗处"的理想，还有终究不能释怀是非、口角、恩怨的自嘲与无奈。

北宋末年，蔡居厚的《蔡宽夫诗话》对王安石创作这首诗有另一番说法：

> 荆公居钟山。一日昼寝，梦有服古衣冠相过者，貌伟甚，曰："我，桀也！与公论治道。"反复百余语，不相上下。公既觉，犹汗流被体，因笑语客曰："吾习尚若是乎？"乃作小诗识之。❷

《诗话》给出的诗歌本事，绘声绘色地讲述了王安石白日午休，在梦里也要同三代的圣王、暴君酣畅辩论一番治道的是非，直至汗流浃背而惊醒。这一则逸事，不无编造附会的嫌疑，却是十分传神——与夏桀"反复百余语，不相上下"，岂不正是荆公当年力主新法时，"辩论辄数百言，众皆不能诎"的英姿再现吗？

在不少人眼中，喜好"强辩"，不仅限于王安石自己，就连他的门生故吏、政治盟友乃至同他关系密切的所有人，都沾染了同样的习气。龚原师从荆公，也参与了新法。到了元祐初年，新法派失势，司马光找龚原谈话，严厉抨击王安石，龚原

---

❶ 徐文明：《出入自在：王安石与佛禅》，第290页。
❷ 胡仔：《苕溪渔隐丛话》前集卷33，第227页。

第一章　是孟子，还是少正卯？　／　013

"反复辩论,终不为变",司马光叹了口气,说:"王氏习气尚尔耶!"❶

所谓"王氏习气",究竟从何而来呢?

三、自缘身在最高层

最了解王安石的,还要算他的诤友和后来的宿敌——司马光。他说,王安石本是大贤,但有个最明显的缺点,就是"用心太过,自信太厚"。❷其实,王安石的"强辩"性格,根源正在于此。

细究起来,所谓"用心太过,自信太厚",应该有两层意思。

第一层意思,是王安石认为,比起眼前碌碌诸公,**自己显然无比接近,甚至已经掌握了最高的、终极的真理**。具体而言,自己的观点和立场是唯一正确的,一切对立的观点和立场都是智识或道德上的谬误,换个文雅一点的说法,就是朱熹批评的"足已自圣"❸。宋代士人原有很多很宝贵的品质:勇于质疑,强调独得,讲求致用,挟道自尊……❹不过,对于"我"与"道"的关系达到王安石这般自信的人,似乎是极少的。

---

❶ 李壁:《王安石诗笺注》,第945页,又见《宋史·龚原传》。
❷ 司马光:《与王介甫书》,《司马光集》,第1256页。
❸ 朱熹:《读两陈谏议遗墨》,《朱子全书》第23册,第3380页。
❹ 陈植锷:《北宋文化史述论》,第338—382页。

皇祐二年（1050），王安石自鄞县（今浙江宁波鄞州区）知县任满离职，途经会稽县（今浙江绍兴），知县谢景温是王安石的好友，后来还嫁妹于王安石的弟弟王安礼。两人一同前往当地的名胜龟山游玩。龟山一名飞来山，山上有一座二十三丈高的多宝塔，可眺望海上日出。王安石登临胜景，兴之所至，写下了名篇《登飞来峰》：

> 飞来山上千寻塔，
> 闻说鸡鸣见日升。
> 不畏浮云遮望眼，
> 自缘身在最高层。❶

身处万仞山、千寻塔的最顶层，才能目睹海上旭日大放异彩的奇观，岂能被浮云遮蔽了远眺的视线？这就好比一个人，从柏拉图的"洞穴"中走出来，看见了真正太阳的光辉，而不是幽暗中火光投映出来的影子，完成了"灵魂转向"，就类似一种Übermensch（尼采的超人）。❷

写《登飞来峰》的时候，王安石虽然还只是个低阶的选

---

❶ 王安石：《登飞来峰》，《王安石诗笺注》，第1887页。
❷ 柏拉图在《理想国》中提出的"洞喻"认为，凡人的认知如同被囚禁在幽暗洞穴内的囚徒，把洞壁上火光映出的影子当作真实，唯有挣脱束缚、走出洞穴的人才能看到真正的光明。尼采的"超人"是一种超越于"群畜"和"末人"（有点类似于王安石口中的"流俗之人"）之上的强大、完美的理想人格。

人，却到了而立之年，人生观、世界观已经定型。此前，他在鄞县任上，就因为反对强行摊派吏民出钱来奖励告捕私盐，上书两浙转运使孙甫，直言此举"非所以为政也"，"阁下亦过矣"，"虽已施行，追而改之，犹若愈于遂行而不反也"……蔡上翔评论，读罢这封信，不得不感慨："是时公年二十八，与上大夫言，绝无忌讳如此。"❶认自家道理而不认人的脾气已经初露锋芒。其实，王安石十八九岁就打算以上古贤臣为榜样："材疏命贱不自揣，欲与稷契遐相希"。❷二十多岁，他就告诉好友孙侔，自己笃定看透了"时""我"与"道"的关系：

  时然而然，众人也；己然而然，君子也。己然而然，非私己也，圣人之道在焉尔。夫君子有穷苦颠跌，不肯一失诎己以从时者，不以时胜道也。故其得志于君，则变时而之道，若反手然，彼其术素修而志素定也。❸

庸人都是趋时附势的，只有少数先知先觉者坚持本心，因为他的本心合于天地圣人之道。君子即使身处逆境，也不会屈己从时，因为"己"="道"，终究凌驾于"时"或者说那个多变、短暂的现实世界之上。再接下来，几乎是熙宁变法的预言

---

❶《王安石年谱三种》，第255—257页。
❷ 王安石：《忆昨诗示诸外弟》，《王安石诗笺注》，第726页。
❸ 王安石：《送孙正之序》，《王安石文集》，第1473页。

了：一旦君子"得志于君",就要凭一己之力逆转、塑造返归于"道"的世界。至于那些只配"时然而然"的众人,王安石不也早就说过:

> 众人纷纷何足竞? 是非吾喜非吾病。
> 颂声交作莽岂贤? 四国流言旦犹圣。(莽即王莽,旦即周公)
> 唯圣人能轻重人,不能铢两为千钧。
> 乃知轻重不在彼,要之美恶由吾身。❶

王安石自命身处最高层,真理在握,自然瞧不上下边的那些浮云,那些安常习故的庸人,那些罕能学问的流俗。这是个强势理性主义者,还很有点哲学家的气质。但是,就连大哲学家程颢也感到,王安石那一套"道",未免高耸云端,虚无缥缈,难以捉摸,"正如说十三级塔上相轮,对望而谈曰,相轮者如此如此,极是分明",实则缺乏一种"辛勤登攀,逦迤而上"的踏实阶序,难以久安。❷历史学家更会批评,真理的阶梯诚可拾级而上,但是,"要登上可以看到晨曦初现的顶峰,绝无可能"。❸所以,王安石喜欢《孟子》而不喜欢《春

---

❶ 王安石:《众人》,《王安石诗笺注》,第754—755页。
❷ 程颐、程颢:《二程集》(上),第5—6页。关于王安石和二程的这一学术分歧,见余英时:《朱熹的历史世界: 宋代士大夫政治文化的研究》,第72—75页。
❸ 吕西安·费弗尔:《为历史而战》,第19页。

第一章 是孟子,还是少正卯? / 017

秋》，更不喜欢那个喜欢《春秋》的历史学家司马光，大概不是偶然。

颇能反映王安石"真理在我"心态的，是他喜好裁断是非。宋代的刑案审决，"防闲考核，纤悉委曲，无所不至"，从州县、监司到刑部、中书门下，各环节都设计有复核程序。❶这就为他大展拳脚提供了机会。嘉祐七年（1062），王安石任知制诰期间，受命纠察在京刑狱。京城发生了一件不大不小的杀人案。当时流行斗鹌鹑，一个青年得到了一只善斗的鹌鹑，他的一个朋友自恃亲昵，借口玩赏，夺走就跑。主人赶忙争夺，"踢其胁下，立死"。开封府判处杀人者偿命。王安石却判断，这是一起错案，理由是"公取、窃取皆为盗"，死者大庭广众公然强夺鹌鹑就是抢劫，杀人者"追而殴之，乃捕盗也"，无须承担责任，倒是开封府法官"失入平人，为死罪"。审刑院、大理寺复核案情后，都认为开封府判决无误。不过，朝廷不打算追究王安石的责任，下诏"放罪"，要求他按规定去阁门拜谢免罪之恩。不料，王安石宣言："我无罪！"御史台和阁门官员一再发文催促，他"终不肯谢"，朝廷只得将他调离。❷后人编话本《拗相公》，就借"斗鹌案"来讥讽王安石，说他"强辩鹌刑非正道，误餐鱼饵岂真情"。❸

王安石进入中书门下，任参知政事以后，旧习不改，仍然

---

❶ 徐道邻：《宋朝刑事审判中的复核制》，《徐道邻集》，第586—615页。
❷ 李焘：《续资治通鉴长编》卷197，嘉祐七年十月甲午。
❸ 李华瑞：《王安石变法研究史》，第192页。

喜欢"驳正"下级的断案,别人讽刺他:"不知法,好议法,又好与人为异。"❶著名的阿云杀夫案、张朝杀兄案,都可见王大参固执己见,甚至孤身奋战的身影。同僚和舆论对这种"刑名取决于执政"的作风非常不满,彭汝砺上言说,长此以往,"大理、审刑,几无用矣!"❷有人感慨:"这种宰执参预断刑之例,在其他的朝代,实不多见也。"❸其实,除去神宗朝,特别是王安石当政的时期,这种情况就是宋代也不多见。

不过,"用心太过,自信太厚"的第二层意思,比第一层意思更关键:**自信纯为天下公利,无纤毫私欲在心。**

刘安世,熙宁初考中进士,却不肯出仕,《宋元学案》归入涑水(即司马光)门人。❹前面提到他归纳过王安石的"成功学"八字诀,这段话很值得好好分析一下:

> 当时天下之论,以金陵(即王安石)不作执政为屈,此"虚名"也;平生行止,无一点污,论者虽欲诬之,人主信乎?此"实行"也;论议人主之前,贯穿经史今古,不可穷诘,故曰"强辩";前世大臣,欲任意行一事,或可以生死祸福恐动之回,此老实不可以动,故曰"坚志";因此八字,此法所以必行也。❺

---

❶ 黄以周等:《续资治通鉴长编拾补》,第107页。
❷ 田志光:《北宋宰辅政务决策与运作研究》,第142—143页。
❸ 徐道隣:《宋朝刑事审判中的复核制》,《徐道隣集》,第615页。
❹ 黄宗羲:《宋元学案》卷20《元城学案》,第821—822页。
❺ 马永卿辑:《元城语录解》卷上,第9—10页。

其中，"虚名"的批评，带有旧党的偏见，姑且不论。"实行"和"坚志"，换言之，在波诡云谲的朝堂上，极度自律，私生活几无可挑剔，又毫无为玩弄权术或图谋富贵而从事政治的野心，恰恰是王安石敢于"强辩"，"力战天下之人，与之一决胜负"（司马光语）的底气所在。

熙宁三年（1070）冬十二月，王安石自参知政事拜相，升任礼部侍郎、平章事、监修国史。下诏之日，京城内刚下过一场鹅毛大雪，很冷。魏泰在《东轩笔录》中回忆，那天，满朝文武纷纷踏雪前往新宰相的府邸，"百官造门奔贺者，无虑数百人"。可是，王安石却紧闭大门，一切谢客，独与魏泰坐在远离门外喧嚣的西庑小阁内，听着庭院中积雪从竹枝上落下的簌簌声。忽然，王安石命仆人取来纸笔，在窗纸上写了一句诗：

霜筠雪竹钟山寺，投老归欤寄此生。

然后，他轻轻放下笔，朝魏泰略作一揖而入。[1]南宋的罗大经尽管对变法很有意见，也不得不赞叹，荆公自变法之初早想清楚了，"合则留，不合则拂袖便去，更无拘绊"，志趣之高，实非凡人能及。[2]对当宰相绝不热衷，变法遇到重大挫折就辞疾家居，真心打算撂挑子，即"难进而易退"，是王安石

---

[1] 魏泰：《东轩笔录》卷12，第95页。
[2] 罗大经：《鹤林玉露》卷5，第552页。

的大节可观之处。历史上，不论是批评者还是赞扬者，都无法否认这一点。至于私生活，他简直是个禁欲主义者，有大儒陆九渊的评价为证：

> 英特迈往，不屑于流俗。声色利达之习，介然无毫毛得以入于其心。洁白之操寒于冰霜，公之质也。❶

按照法家对现实政治的描述，专制王朝的君臣关系是以赤裸裸的利益算计为基础的，在支配权力的争夺上则是零和博弈，用韩非子的话说是"一日百战"，只能是一方压倒另一方。在专制帝王看来，臣子主要有两类：最糟糕的一类，是无时无刻不觊觎着皇权，让皇帝"终夕未尝安枕而卧"（宋太祖语）的野心家；最理想的一类，是奴颜婢膝，好利禄，贪财货，一切仰赖官家，毫无独立人格的仆从。这种人，"一旦斥去，即泛滥涕泗"（宋太宗语），哭得不行，对重获权势望眼欲穿。连一般不对皇权构成重大威胁的科举士子和职业文官，皇帝也要疑心他们或勾结辽夏，或结成朋党，欺君罔上。不过，历史上确实有极少数纯粹又很有底线的理想主义政治家，王安石就是其中之一。

明人许浩对王安石的评价与刘安世一脉相承："人苟嗜利嗜权，则其上必不信，信而人非之，不得用矣。……王安石惟不嗜利嗜权，故神宗信之，而人非之不入，己亦自负，而人非

---

❶ 陆九渊：《荆国王文公祠堂记》，《陆九渊集》卷19，第232页。

之不恤。"❶不错，欧阳修私通甥女，苏轼公船私用，王韶贪污公款，李定不孝，吕惠卿侵吞田产……这些污秽，栽到王安石身上，谁能信？正因为如此，政敌最多编造一点他不修边幅、不近人情的谣言，无足挂齿。龚自珍说王安石"心三代之心，学三代之学"，王安石不仅凭学术，也凭人格魅力，让原本服膺法家、爱读韩非子的宋神宗颇为倾倒。宋神宗反复向王安石剖白心迹："卿所以为朕用者，非为爵禄，但以怀道术可以泽民。""朕于卿，君臣之分，宁有纤毫疑贰乎？""朕无间于卿，天日可鉴！"❷所谓"上与安石如一人"，哪怕时间并不长，这一对君臣将"与士大夫治天下"——皇帝选拔最优秀的士大夫为宰辅或言官，并赋予充分的权力来辅佐皇帝治理国家——的模式调到了最极端的挡位，❸今后也再难复制。

别人说他"自信太厚"，用王安石自己的话回答，大概就是：

> 天下之变故多矣，而古之君子，辞受取舍之方不一。彼皆内得于己，有以待物而非有待于物也。非有待于物，故其迹时若可疑；有以待物，故其心未尝有悔也。若是者，岂以夫世之毁誉者概其心哉！❹

---

❶ 许浩《宋史阐幽》的评论，转引自李华瑞：《王安石变法研究史》，第230页。
❷ 关于王安石和宋神宗的关系，参见仲伟民：《宋神宗》，第155—185页。
❸ 关于"共治"，见本书第二章。这里采用了刘子健的说法，见刘子健：《欧阳修：十一世纪的新儒家》，第26页。
❹ 王安石：《答李资深书》，《王安石文集》，第1268页。

"有以待物",就是真诚地相信,真理永远站在自己及无条件支持自己的人一边;"非有待于物",就是自信无纤毫野心和私欲,置生死、穷达、毁誉于度外,不避嫌疑,也无所畏惧。其实,这两点都不是现实中政治家最必需的品质。有洁癖的理想主义常常比现实主义造成更大的悲剧。但是,在政治辩论中抱着这种心态登场,自有一股孟子讲的浩然之气。程门弟子谢良佐都不得不承认,"今人不能养气,安石却能之"。❶哪怕咄咄逼人、肆无忌惮乃至蛮不讲理的"强辩",没有底气也是万万不行的,就像尼采说的,很多杰出之人,"当他们觉得自己无私时,他们就认为可以更随便地对待真理"。❷

如果有人像公都子问孟子一样,问王安石:"外人皆称夫子好辩,敢问何也?"他的回答一定是:

予岂好辩哉?予不得已也!

"用心太过,自信太厚",解释了支撑王安石"强辩"的特殊心理结构,但还未触及"强辩"本身。有些人自负则自负矣,奈何脑子转得不够快,嘴皮子不利索。

---

❶ 吕中:《类编皇朝大事记讲义》,第321页。
❷ 尼采:《朝霞》,第456节。

四、少正卯的骂名

王安石十分推崇"好辩"的孟子。

在北宋,"孔、孟"还没有并称,孟子的地位远不如后来那么崇高,在知识谱系中,《孟子》一般入诸子类。不少思想家如李觏、司马光、苏轼和晁说之等,都对孟子有一些怀疑和非议,王安石则将孟子视为孔子以下千古罕出的真儒,作为自己的人生偶像,是宋代振兴孟学的主力军。❶他三十出头的时候,在舒州通判任上,就写过一部几万字的《淮南杂说》。❷此书虽然失传,当时已传言,"其言与孟轲相上下",是一部讨论道德心性的哲学著作。❸欧阳修满怀热情地向他的后辈王安石"付托斯文",赠诗:"翰林(李白)风月三千首,吏部(韩愈)文章二百年。老去自怜心尚在,后来谁与子争先?"希望他能成为新一代的文坛领袖,王安石却志不在此,回赠:"他日若能窥孟子,终身何敢望韩公?"表示不愿当文章大家,而是盼望接续起尧舜禹汤、文武周公、孔子孟轲以来的儒家道统。❹他的《孟子》诗还说,"何妨举世嫌迂阔,故有斯人慰寂寥",独以孟子为千载之下的知音。❺到了王安石得位秉政之后,不仅

---

❶ 夏长朴:《尊孟与非孟——试论宋代孟子学之发展及其意义》,氏著:《北宋儒学与思想》,第139—211页。
❷ 刘成国:《王安石年谱长编》,第273—274页。
❸ 邓广铭:《北宋政治改革家王安石》,第7—8页。
❹ 崔铭:《王安石传》,第190—192。
❺ 王安石:《孟子》,《王安石诗笺注》,第1771页。

推动为孟子加封、建庙、配享，更将《孟子》列入宋朝四场进士考试的必考科目。❶

漆侠先生认为，王安石尊孟，主要是因为他把孟子的"仁政""井田"等政治理想作为解决现实问题的重要手段，"正是由于这种关系，历史的绳索就把他与孟轲紧紧绾结在一起了"。❷不过，除开思想上的绾结，好辩气质上的相近恐怕是一个关键的因素。宋人就有一个有趣的观察——王安石喜欢孟子，同他喜欢辩论很有关系：

> 韩文公（愈）、王荆公皆好孟子，皆好辩。张籍曰："（韩愈）与人商论，不能下气。"元城（刘安世）曰："金陵（王安石）不可动者，以能强辩。"（余）谓：三人均之为好胜。孟子好以辞胜，文公好以气胜，荆公好以私意胜。❸

王安石在《书洪范传后》中还为孟子的"好辩"开脱：

> 孔子曰："予欲无言。"然未尝无言也。其言也，盖有不得已焉。孟子则天下固以为"好辩"，盖邪说暴行作，而孔子之道几于熄焉。孟子者，不如是，不足与有明也。故

---

❶ 夏长朴：《王安石思想与孟子的关系》，氏著：《李觏与王安石研究》，第175—212页。夏文从"王霸论""圣人论""性情论"三方面探讨了孟子对王安石思想的实质性影响。
❷ 漆侠：《王安石变法》，第79—80页。
❸ 俞文豹：《吹剑录全编》，第21页。

孟子曰："予岂好辩哉？予不得已也！"❶

这段话可以看作韩愈《进学解》中"孟轲好辩，孔道以明"一句的注脚。实则，王安石面对"流俗"，颇有孟子当年力拒杨墨、排斥异端的那股子劲头。此外，"如欲平治天下，当今之世，舍我其谁"（《孟子·公孙丑下》）的那种孟子式自信，要天子"北面而问焉"乃至"迭为宾主"的那种孟子式自傲，❷在王安石身上也是熠熠生辉的。

可是，世人偏偏要彻底否定王安石这种孟子情结。范纯仁说他："尚法令则称商鞅，言财利则背孟轲。"❸ 清人顾栋高批评他："平生以孟子自处……盖名相慕而实相反者也。"❹ 熙宁二年，御史中丞吕诲那道著名的"十事"弹章，开篇就攻击王安石，说他"大奸似忠，大诈似信"，必定祸害国家：

如少正卯之才，言伪而辩，行伪而坚，顺非而泽，强记而博，非宣父圣明，孰能去之？❺

按照这个说法，王安石非但不似孟子，简直是儒家的"敌基督"（Antichrist）、孔子当上鲁国的代理宰相才七日就迫不及

---

❶ 王安石：《书洪范传后》，《王安石文集》，第1245页。
❷ 王安石：《虔州学记》，《王安石文集》，第1428页。
❸ 《宋史·范纯仁传》。
❹ 《王安石年谱三种》，第21页。
❺ 《王安石年谱三种》，第429页。

待下令诛杀的对手——少正卯。

王安石不仅不是儒家圣贤，还是"言伪而辩"的大奸，这是为什么呢？

第一个原因，是学术思想和政策取向上的根本分歧。南宋吕中说，"王安石未变法之时，犹有正论也"，完全是以变法为标准来定邪、正。❶变法之初，王安石向宋神宗夸口自己那套"善理财者，民不加赋而国用饶"的学说时，当即遭到司马光的驳斥："此桑（弘）羊欺汉武帝之言，司马迁书之以讥武帝之不明耳。"❷神宗驾崩后，反新法派在高太后的支持下打算尽罢新法，司马光上奏说："王安石不达政体，专用私见，变乱旧章，误先帝任使，遂至民多失业，闾里怨嗟。"❸在批评者看来，根本就是"邪说"，是"私意"，不论如何善辩，那也只能服人之口，不能服人之心。

第二个原因，自信真理在握，自信毫无私心，这两个因素加在一起，导致王安石心理上极为排斥公然的反对意见，不容质疑、反驳。这在他的批评者看来，就等于"护前自用"（吴奎）❹、"吝于改过"（曾巩）❺，就是喜欢"使性气"（吕惠卿）❻。

---

❶ 吕中：《类编皇朝大事记讲义》，第287页。
❷ 司马光：《温公手录》卷2，第443页。西汉大臣桑弘羊以为汉武帝理财，推行"均输"、"平准"、盐铁官营等经济政策，古代史家多以他为儒家批评的"聚敛之臣"的代表。
❸ 司马光：《请更张新法札子》，《司马光集》，第1007页。
❹ 《宋史·吴奎传》。
❺ 邵博：《邵氏闻见后录》卷20，第157页。
❻ 李焘：《续资治通鉴长编》卷268，熙宁八年九月乙酉。

据说，推行新法之初，士大夫群体内部本来也许有从容商量、达成共识的机会。就因为王安石倔强护短，遇强则强，加上反对派无视这种个性，结果闹得水火不容。程颐回忆，起初，兄长程颢找到王安石，语气温和，从容不迫地表示不同意见。这时候，王安石还是显得通情达理的，甚至感谢对方开诚布公。没想到，翌日，程颢的同事——监察御史里行张戬找上政事堂，当着众大臣的面激烈驳斥王安石，自此双方再也没有取得过任何谅解：

> 正叔（程颐）尝说，新法之行，正缘吾党之士攻之太力，遂至各成党与，牢不可破。且如青苗一事，放过何害？伯淳（程颢）作谏官，论新法，上令至中书议。伯淳见介甫，与之剖析道理，气色甚和，且曰："天下自有顺人心底道理，参政何必须如此做？"介甫连声谢伯淳曰："此则极感贤诚意！此则极感贤诚意！"此时，介甫亦无固执之意矣。却缘此日张天祺（张戬）至中书力争，介甫不堪，自此彼此遂分。❶

反正，在反新法派看来，荆公本就有错在先，不愿承认，不论如何善辩，那也只能是"强辩"了。

第三个原因，就要数到王安石的辩论风格和技术了。

---

❶ 李焘：《续资治通鉴长编》卷210，熙宁三年四月己卯。

五、荆公之辩术（上）

事实上，王安石绝非不讲道理、逻辑混乱的人，相反，他精通此道，其作品不论是奏疏还是散文如《老子》《性情》等篇，堪称说理文的典范。不过，他在朝堂上的表现似乎很不一样。透过史书留存的一些片段，王安石的争辩风采仍然活灵活现。至于史料的真伪缺漏等疑问，以及辩论蕴含的政治理念，则留待后文讨论。

A. 熙宁三年（1070）四月

痛诋王安石为少正卯的御史中丞吕诲外贬不久，他的继任吕公著也遭遇了同样的命运，原因自然是反对新法，其公开的罪名则是扬言如果朝廷执意变法，那么韩琦就要"兴晋阳之甲以除君侧之恶"。❶ 据《公羊传》，晋定公时期，荀寅、士吉射起兵叛乱，晋大夫赵鞅以"除君侧之恶"为名，从晋阳发兵讨伐。后世地方起兵反叛中央，往往借"晋阳之甲"为辞。这里要动用"晋阳之甲"来消灭的"君侧之恶人"，隐射的大概就是王安石。❷ 在宋代，文臣兴兵造反是骇人听闻的。王安石坚

---

❶ 司马光：《议置条例司不便录》，《司马温公集编年笺注》第6册（附录卷2），第109页。

❷ 吕公著污蔑韩琦起兵一事或许本是子虚乌有，见赵冬梅：《大宋之变：1063—1086》，第232—233页。但是，神宗和宰辅就如何处置吕公著的对话，特别是王安石驳陈升之，则是王安石《时政记》、司马光《涑水记闻》均有记录，见李焘：《续资治通鉴长编》卷210，熙宁三年四月戊辰。

持要把这条罪状明白写进吕公著的贬官制词,其他宰执如曾公亮、陈升之、赵抃都不同意,理由是,"如此,则四方传闻大臣有欲举甲者,非便",传出去影响不好。神宗倾向于王安石的意见,双方在御前争执"至日旰"。陈升之又上前补了一句:"如此,使琦何以自安?"无辜牵连韩琦也不好。王安石既讨厌吕公著,也讨厌韩琦,当即反唇相讥:

> 公著诬琦,于琦何损也!如向日谏官言升之"媚内臣以求两府",朝廷岂以此遂废升之? ❶

吕公著自是污蔑,传出去对韩琦有何损害?就好比从前谏官指责你陈升之勾结宦官才当上宰相,也没见影响你的仕途啊?这就是王安石在短短数秒钟内思考出的、为对手量身定制的驳斥。这个旧账被翻出来,于当事人自然是颜面无光的,所以史书说,陈升之同王安石闹翻以后,王安石"数侵侮之"。❷ 反正,此言一出,在场大臣"皆俯首不敢对"。最后公布的诏书,就写了吕公著"乃诬方镇有除恶之谋,深骇予闻,乖事理之实"云云。

B. 熙宁三年四月

从这年开始,王安石极力支持王韶在河湟、洮水地区招抚

---

❶ 李焘:《续资治通鉴长编》卷210,熙宁三年四月戊辰。
❷ 王瑞来:《宋宰辅编年录校补》第2册,第410页。

吐蕃诸部,以牵制乃至威胁西夏。王韶的骤然升用,遭到了包括枢密使文彦博、秦凤路经略安抚使李师中在内的不少廷臣、边帅的抵制。王安石希望让王韶专门主管秦州西路缘边蕃部事务,而其他宰执和李师中都主张,秦凤路都钤辖向宝应该挂名兼管此事,为"都大提举",位于王韶之上,而让王韶当"同提举"。王安石不同意:"向宝素坏王韶事。韶言有两族不可招抚者,以宝沮害其事故也。今令与韶共事,又在其上,即韶事恐不可成。"任人要专,多方掣肘,事恐难成。陈升之等人附和李师中的意见,认为这么做,对向宝有亏欠,"即失宝心,不肯尽节"。王安石当即反驳:

> 朝廷用一王韶,于宝有何亏损,乃不肯尽节?如汉高祖得陈平于亡虏,即令尽护诸将,诸将何尝不尽力?❶

陈平是汉初著名的谋臣,他从项羽一方投奔刘邦,高帝旧臣就诋毁他是"楚之亡卒",并且人品污下,私通其嫂,但刘邦相中了他才华绝代,委以大任。❷曹操的《求贤令》:"得无有盗嫂受金而未遇无知(魏无知是向刘邦举荐陈平的人)者乎",说的就是他。荆公这个类比,往后容易落人口实,说他论才不论德。但是,当时神宗确实接受了王安石的看法,"遣

---

❶ 李焘:《续资治通鉴长编》卷210,熙宁三年四月戊寅。
❷《史记·陈丞相世家》。

使谕（李）师中如安石所陈"。❶

陈平的典故，大概是王安石用来对抗保守派的万金油，百试不爽。不久，王韶招揽到河湟蕃部大酋俞龙珂，王安石同文彦博争辩，他主张特别优待俞龙珂一部，并不会引发其他蕃官不满，又理直气壮地搬出了陈平："如人主御将帅，当有方略。汉高祖拔用亡虏，置之旧将之上，固未尝待其功绩著见，何尝畏旧人怨望！"❷再后来，熙宁五年（1072），由于推行禁军的减兵并营，同时教阅保甲，激起了正规军的不满，有人扬言要兵变。王安石在同文彦博、吴充等人争论时，指出优待保丁，取代募兵，没什么问题。他还是搬出了陈平："高祖得陈平，令为护军，诸将不服，复令尽护诸将，诸将乃不敢言。小人亦要以气胜之，使其悖慢之气销。"❸

C. 熙宁五年（1072）五月

某日，宋神宗和王安石讨论用人之道。神宗以为，凡有一技之长的人，都不可浪费闲置，又表示，"汉武帝亦能用人材"。王安石回答，汉武帝见识凡劣，所以只能用卫青、霍去病这样的人当将帅，大肆征伐，弄得海内沸腾，"至天下户口减半"，最终也未能彻底消灭匈奴。神宗一听，想起自己不也想鞭笞辽夏，收复汉唐旧疆吗？但是，自己"天资节

---

❶ 李焘：《续资治通鉴长编》卷212，熙宁三年六月丙寅。
❷ 李焘：《续资治通鉴长编》卷228，熙宁四年十二月戊辰。
❸ 李焘：《续资治通鉴长编》卷229，熙宁五年正月丁未。

俭",[1]和武帝可不一样。于是,他趁机说,这和拓边战事本身没有必然联系,主要是"武帝自为多欲耳"。又对在场的宰执们说:

> 人主举动,不当有欲以害政。

尽管君主专制的本质是"以我之大私为天下之公",但传统的政治理想,还是要求君主"任公不任私",摒弃或至少节制私欲,使自己的个人意志服从国家和统治阶级的整体利益。这自然是儒家的老生常谈(old wisdom),也是一种政治正确。宋代君主多受儒家思想熏染,往往也主动对此表示服膺,如宋孝宗讲人主"固不当用私意"。可王安石偏不按常理出牌:

> "欲"亦不能害"政"。如齐桓公,亦多欲矣,而注厝方略,不失为霸于天下,能用人故也。[2]

只要解决了人才问题,或只要客观结果是理想的,君主何必寡欲?就像齐桓公那样,一心支持管仲的相业(这里也许是王安石自喻),多欲也不是什么大不了的事。如果这是实录,那么,那句历来真伪莫辨、众说纷纭的"陛下果能理财,虽以天下自奉可也",[3]若非出自荆公亲口,也真的不远了。

---

[1] 邵伯温:《邵氏闻见录》卷4,第36页。
[2] 李焘:《续资治通鉴长编》卷233,熙宁五年五月壬辰。
[3] 邵伯温:《邵氏闻见录》卷4,第36页。比较主流的意见,如邓广铭先生认为,这是邵伯温的造谣污蔑,见《北宋政治改革家王安石》,第288页。

D. 熙宁五年九月

某日,宋神宗和王安石讨论兵制。神宗认为,"兵须久训练乃强",王安石竟回答:

> 齐威王三年酣饮不省事,一旦烹阿大夫,出兵收侵地,遂霸诸侯。人主诚能分别君子、小人情状,济以果断,即兵可使一日而强。[1]

传说,战国时期的齐威王即位之初,过了几年不理朝政、沉湎酒色的日子,忽然一日之内下令封即墨大夫、烹阿大夫,兴兵伐赵、魏,于是"齐国震惧,……诸侯闻之,莫敢致兵于齐二十余年"。[2] 不过,自唐末五代那群骄兵悍将凋零之后,北宋的军队,兵员冗多而战斗力低下,面对西北强敌几乎从未取得过决定性战役特别是野战的胜利,用苏轼的话说,"十出而九败",[3] 这是"弱宋"形象的重要成因。神宗和王安石推行省兵并营、保甲教阅,渐次取代耗费巨大的募兵,显然是百年大计。声称只需分别所谓"君子小人",铲除阿大夫那样的"奸臣","兵可使一日而强",显然失之轻率。

E. 熙宁五年九月

参知政事赵抃反对在四川等地推行新法,特别是操练保

---

[1] 李焘:《续资治通鉴长编》卷238,熙宁五年九月丙午。
[2] 《史记·田敬仲完世家》。
[3] 《宋史·苏轼传》。

甲。某日,他启奏神宗,四川自古易扰而难安,自己"累入蜀,深知蜀人情状,闻欲作保甲、教兵,必惊扰失人心"。神宗说"初无教兵指挥",已是承认赵抃讲得有道理。可是,王安石偏要较真,诸葛亮治蜀,与魏、吴长年交兵,怎不见惊扰:

> 无此。然教兵亦何妨?诸葛亮以蜀人脆,而坚用之,亮尤为得蜀人心,何尝惊扰?

神宗代为解释:

> 诸葛亮舍蜀人即无人可用。

王安石不以为然,又举出更多的例子:

> 汉高祖伐楚,用巴渝板楯蛮。武王伐商,用庸、蜀、彭、濮人。……

一口气说完,他停顿了片刻,用不容置疑的语气总结:

> 岂有蜀人不可教以干戈之理! [1]

---

[1] 李焘:《续资治通鉴长编》卷238,熙宁五年九月甲戌。

F. 熙宁七年（1074）三月

某日，宋神宗和王安石讨论财政问题。神宗觉得，因推行新法而创置的各种机构可能靡费钱财（"置官多费用"）。王安石辩解，新法诸官司虽产生了开支，但通过各种方式为朝廷节省了大笔经费，比如三司提举帐司官，❶每年就审计出不知多少失陷官物，岂能说是冗官？神宗听了说，果真如此，朝廷为何财用不足？王安石旧调重弹：

> 陛下必欲财用足，须理财。若理财，即须断而不惑，不为左右小人异论所移，乃可以有为。

神宗没有被糊弄过去，继续指出："古者什一而税足矣，今取财百端，不可为少。"现今朝廷汲取民间财富的名目已经很多，但财政困难并没有纾解，还不如上古的什一而税。宋代的重赋繁役是出了名的，❷若是一般臣子，大概要顺着皇帝的口风讲点体恤百姓的场面话，类似朱熹的"古者刻剥之法，本朝皆备"云云。王安石则不然，他告诉神宗：陛下啊，真实历史上的先王，财政来源远远不止什一之税，又有这又有那，可不少；不光有赋税，还有罚款性收入：

> 市有泉府之官，山林、川泽有虞衡之官，其紘布、总

---

❶ 三司提举帐司，见《宋史·食货志下一·会计》。
❷ 葛金芳：《宋辽夏金经济研析》，第347页。

布、质布、廛布之类甚众。关市有征，而货有不由关者，举其货，罚其人。古之取财，亦岂但什一而已。

所以，王安石宣称，本朝的赋税，比起三代并不算太重，但是赋税负担的分配不够公平，加上有地主豪强等"兼并之家"为害一方，所以显得重。[1]

围绕"什一之税"的争论是变法中的一个焦点，因为青苗法借钱给民间，年息一料是二分即20%，经过折价，至少可达40%。[2]当时韩琦就激烈反对："今天下田税已重，固非《周礼》什一之法，……取利已厚，伤农已深，奈何更引《周礼》'国服为息'之说，谓放青苗钱取利，乃周公太平已试之法？此则诬污圣典，蔽惑睿明，老臣不得不太息而恸哭也！"事实上，除了以免"来日之不可继"这类含糊说辞，[3]新法派也确实没提出过什么合理利息率的论证。至于王安石对神宗之语，自然难免反新法派攻击他借口"《周礼》一书，理财居半"来"文其缪妄""欺罔圣听"，以至"愚弄天下之人"，[4]后世也要指责他"以其所创新法，尽傅著经义，务塞异议者之口"了。[5]

---

[1] 李焘：《续资治通鉴长编》卷251，熙宁七年三月己未。
[2] 漆侠：《王安石变法》，第131—132页。
[3] 王安石：《答曾公立书》，《王安石文集》，第1272页。
[4] 韩琦：《安阳集编年笺注》（下），附录《韩魏公家传》，第1848页。
[5] 晁公武：《郡斋读书志校证》卷1《周礼新义》，第81—82页。

G. 熙宁九年（1076）六月

北宋因财政紧张，在普通流通的铁钱、铜钱（小平钱）之外，常常虚铸大钱，以给边费。规定发行大钱一枚，价值相当于小钱二枚，也就是将百姓手中的小钱强行贬值一倍，上面巧取豪夺，下面私铸横行。[1]神宗君臣就讨论过这种以一当二的大钱——"折二钱"——究竟是否应该退出流通，还是允许部分地区行用？神宗担心，价值虚高的大钱流通，劣币驱逐良币，会导致富民窖藏小钱，进一步加剧"钱荒"：

> 但恐经久富民藏小钱莫出尔。

王安石不同意：

> 大钱亦无多，富民岂肯藏小钱不出，藏小钱不出，于富民亦有何利？

神宗又担心，辽国和西夏看到本国发行虚额大钱，便知道我们财政窘迫，此事有失颜面：

> 恐四夷闻中国行两等钱，以为贫窘，乃伤国体，如何？

王安石满不在乎地反驳：

---

[1] 杨仲良：《皇宋通鉴长编纪事本末》卷76《薛向等措置陕西折二钱》，第1347—1352页。

钱有二品,自周已然,何系贫富?且自古兴王如唐太宗、周太宗时极贫,然何足为耻?

最后,王安石又把折二钱和推行新法的"国是"捆绑到了一起。他说:"臣初不欲铸折二钱",之所以如此力争,只是担心一旦废除这个政策,很可能给反新法派以口实,招来更加凶猛的攻击,最终导致新法功败垂成,皇帝征服辽夏的大业也将化为泡影,"朝廷举动为四方所瞻,稍有罅隙,即为奸人窥伺愚弄,将不能立国,是又何能安天下国家也!"

史言,神宗"乃令复行之"。❶

六、荆公之辩术(下)

以上7个片段,截取自熙宁二年至熙宁九年王安石8年相业中的朝堂争论,当然难免以偏概全。不过,这些唇枪舌剑生动明快,很能反映(至少是历史书写中的)王安石的辩论性格。

其中一个最基本的特征,就是在辩论中频繁诉诸历史权威、既有先例。这正是前面刘安世赞叹不已的"论议人主之前,贯穿经史今古,不可穷诘",这可算"强辩"的**第一层含义**。若嫌上面这些片段太短促,不妨再看看熙宁四年朝堂争论是否放弃啰兀城(位于今陕西榆林,宋夏边境的一个前进基地)时的一段对话:

---

❶ 李焘:《续资治通鉴长编》卷276,熙宁九年六月壬辰。

上（神宗）曰："啰兀城非不可营，但举事仓猝为非。"

安石曰："三代之事固未及论，但如李牧犹弗肯速争小利。（出《史记·廉颇蔺相如列传》）盖善用兵者，其节短（《孙子兵法·兵势第五》），役不再籍，粮不三载（《孙子兵法·作战第二》）。若诚出此，则啰兀城小利自不当营，非特失于举事仓猝也。《易》称'君子藏器于身，待时而动'，是以'动而不括'（《周易·系辞下》）。今动无成算，又非其时，宜其结括也。先王惟知时，故文王事昆夷。方夷狄未可以兼之时，尚或事之，此乃所以为文王也，岂害其为圣乎！（《孟子·梁惠王下》）今人材未练，财用未足，风俗未变，政令未行，出一令尚患州县不肯服从，则其未能兼制戎狄固宜。宣王当周衰之后，风俗坏，人材少。诗曰：'德輶如毛，维仲山甫举之，爱莫助之。'（《诗经·大雅·烝民》）当是时惟一仲山甫能好德，群臣无助之者。宣王能与仲山甫协力，以养育成就天下之人材，人材既足，然后征伐，故宣王征伐之时，首曰：'薄言采芑，于彼新田，于此菑亩。'（《诗经·小雅·采芑》）言宣王先成就天下之材，采而用之，所以能征伐也。今欲使战守，则患将帅非其人，欲使之转粮饷，运材物，则患转运使非其人。又国财民力困匮如此，则征伐之事固未可议也。"[1]

这段发言，长300余字，内容和逻辑先不必管，关键在于

---

[1] 李焘：《续资治通鉴长编》卷221，熙宁四年三月癸卯。

王安石先声明"三代之事固未及论",还是一口气征引了7个典故,从不同角度支撑自己"时不可为""待时而动"的对外关系总立场,堪称"经史轰炸",旁人要跟上这个节奏和逻辑,不是那么轻松的。这段话可能出自王安石自己的《日录》,事后经过筛选、追记,不排除又添加了一些"论据",或把一场对话改编成一段独白(见第五章),但仍然很好地展现了荆公辩论说理的一贯风格。

在今天看来,古代君臣的政治决策,参照系其实十分有限:过去久远的历史,新近获得的经验,都被一一分析、归纳、总结,当成可资镜鉴的决策前提和论据,当成评判行为有效性的衡准,这被认为是中国古代思想结构中独特的"历史理性主义"。[1] 特别是在两宋,儒生的教育、科举的策论、宫中的"帝学",都吸收了大量这类"故事"。郝若贝说,历史先例已成为"当时政治决策过程中不可或缺的部分、思想论争中的核心主题,中唐至南宋中国政治和智识生活的一大特征即在此"。[2]

在政治决策中诉诸历史权威、既有先例,也意味着大量采用类比(analogy)推论:甲有a、b、c诸点,于是有Q;乙也有a、b、c诸点,于是推论,乙也有Q。齐桓公多欲,没妨碍他九合诸侯、一匡天下,那么今上多欲,也不妨王霸之业。类比是一种十分自然,几乎人人天生会用的辩论方式。用某种听众

---

[1] 赵鼎新:《儒法国家:中国历史新论》,第209—210页。
[2] Robert M. Hartwell: Historical Analogism, Public Policy, and Social Science in Eleventh-and Twelfth-Century China, p.690.

更熟悉的事物，说明另一种比较陌生的事物，往往效果很好，所以佛经里总说，"智者因譬得解"。何况，现实的政治决策，做不了自然科学那般严格的受控实验，多多寻求历史经验和实践理性的指导，并没有错。所以，当阿克顿勋爵说，"政治科学是一门在历史长河中积淀的科学，就如金粒沉淀于河沙中一样"，他无非讲出了20世纪以前的一种普遍观念。

然而，逻辑学上有一个常识：类比推论的致命缺陷在于它只能或然地为真，不存在截然成立或不成立。人类经验无比复杂，历史绝非当下的复本，只是举出一二相隔遥远的先例，很难保证前提（比如唐太宗、周太宗朝极贫）和结论（贫不足为耻）之间的相关性。很简单，甲有a、b、c诸点，于是有Q；乙也有a、b、c诸点，是否必然有Q？不一定，因为甲可能还有d点，它未被发现，却是导致Q的决定因素，于是类比无效，结论为假，比如：

H. 熙宁五年（1072）正月

神宗和王安石推行保甲法，将民户编排为保，户下的成年男子编为保丁，巡查地方，还学习武艺，定期检阅。冯京反对说，编组、武装和训练平民，方便了心怀不轨之徒组织和动员民众，发动叛乱。东汉末年，灵帝时发动黄巾大起义的张角，就是靠着把各郡的信徒编组成"方"，大方万人，小方数千人，各设头目，同日起兵，才造成巨大的危害：

> 张角以有部分，故能为变，今保甲亦恐豪杰有乘之者。

保甲法后来确实引发了一些基层治安问题，但是，冯京这个历史类比显然十分夸张，不如说这是一个隐喻，背后诉诸的是一种特殊情感——皇帝对全国性叛乱的那种天生的恐惧。王安石当即反驳：

> 冯京谓张角能为变，乃以桓、灵无政，大臣非其人，故州郡不职，张角三十六方同日而起，州郡无一处能发觉于未起之前。

王安石指出，保甲和秘密宗教，虽然都组织民众，但这种相似性是极其表面的，关键在于，当今和东汉末年政治衰败的局势全然不同。莫非冯京想说，陛下是汉桓帝、灵帝这等昏君？接着，他从正面举例，说明能干的大臣配合有为的君主，就能做得很好：

> 如梁太祖（朱温），其事至微浅，然青州（节度使王师范）使人反其城，无一城不发觉，盖太祖苟非能守一城之人，不妄付以一城故也。❶

---

❶ 李焘：《续资治通鉴长编》卷229，熙宁五年正月甲寅。唐昭宗天复三年（903），朱温叛唐，围攻凤翔，淄青节度使王师范起兵勤王，他分遣诸将，诈为贡献及商贩，试图诱取汴、徐、兖、郓、齐、沂、河南、孟、滑、河中、陕、虢、华等州，但多事泄被擒。王师范后来兵败投降，全族被杀。

可见，历史类比的可操作空间很大。善辩者不但自己要提出直观而且切合的类比，还要擅长发现和利用对手类比中的缺陷，即d点。荆公显然精通此道。这种思维模式，已经有点接近社会科学对变量、机制的比较分析，最终却还是从一种常识理性流入一种实用诡辩，用来"揭发"政敌污蔑今上为桓、灵，本朝为衰世的"恶意"。总之，在政治辩论中，频繁诉诸历史类比，一方面，人为建构起各种难以证伪的因果关系，另一方面，任何历史情境都可以被特殊化、相对化，甚至刻意曲解。结果，围绕弱类比的辩论就偏离了真正的重心，沦为政治家在一时一地为达成特定目的而采用的、令对手难以反驳的工具。历史类比，用得好或许能接近科学，用歪了则是伪科学，是尼采说的"欺骗"。❶

从前面的案例看，尽管王安石号称"贯穿经史今古"，大部分"故事"还是出自常见的经史，并没有特别冷僻的出典，初看上去，技术性未必很强。并且，王安石的政治对手的辩论也采用了同样的方式，王安石并没有用另外一套话语和思维来击败对手。❷不过，政治辩论不比吟诗作文，没有余暇来搜肠刮肚，或故意让对方猜谜。要将类比用得贴切，用得及时，用

---

❶ 尼采：《不合时宜的沉思》，第126页。
❷ 因此，郝若贝给王安石贴上"复古主义"（Classicism）的标签，并认为他有"反历史的"（anti-historical）倾向，同司马光代表的"历史类比论"（Historical analogism）对立，这一看法有过度归纳之嫌。见Robert M. Hartwell：Historical Analogism, Public Policy, and Social Science in Eleventh-and Twelfth-Century China, p.712。

得直截，也十分依赖真才实学、想象力丰富和思维敏捷。王安石的许多政治对手也是饱学之士，可如果临场说不出来，已先输了一筹（见第五章）。相反，荆公就像一台持续不断检索、解析、输出的终端，滔滔不绝，如下坂走丸，"辩论辄数百言"，最终结果是"不可穷诘""众皆不能诎"，也就不奇怪了。

除了反击对手的"穷诘"，在为新法的推行张目，顺带从容地攻击对手方面，王安石的类比简直如匕首、暗箭，层出不穷，花样翻新，张口就来。

I. 熙宁三年（1070）四月

熙宁三年，是新法派与反新法派斗争的第一轮高潮如火如荼之时，许多原先的中间派如苏辙、程颢等，纷纷转向王安石的对立面。宋神宗对王安石表达担忧："人情如此纷纷，奈何？"王安石回答：尧舜这样的圣王，虽然"御众以宽"，仍免不了要"流共工、放骧兜"（二人是尧帝时著名的奸臣，名列"四凶"，被舜帝放逐）。其实，骧兜之罪不重，"止是阿党"，共工之罪也不过"静言庸违，象恭滔天"（出自《尚书·尧典》，传统的解释是阳奉阴违）。接着，他话锋一转：

> 如吕公著，真所谓"静言庸违，象共滔天"。陛下察见其如此非一事，又非一日，然都无行遣……陈襄、程颢专党吕公著，都无助陛下为治之实。……专助吕公著言常平法，此即是骧兜之徒。……臣愚，窃恐陛下非不知陈襄辈情状，但患斥逐人多，故以言假借涵容，且使安职。此

大不然，彼不谓陛下涵容，乃谓陛下尚可欺罔，故纷纷不止也。[1]

王安石和吕公著原本关系不错，传闻他还讲过"吕十六不作相，天下不太平"的话。所以，后来有人讽刺王安石前后反复，"方其荐申公为中丞，其辞以谓有八元、八凯之贤。未半年，所论不同，复谓有驩兜、共工之奸，荆公之喜怒如此"。[2]何况，王安石如此解释"人情纷纷"的根源，就差直接劝神宗效法《尚书·舜典》说的"流共工于幽州，放驩兜于崇山"了。[3]王安石当政时期对反新法派的排挤，手段公认比较温和。然而，哲宗时期新党得势，开岭南荆棘之路，大肆迫害元祐党人的做法，未始不是发端于此。

J. 熙宁五年（1072）五月

某日，宋神宗和王安石等人商议边政，说起西北名将种世衡引发的小骚动。种世衡在边，以善用奇谋、金钱招纳蕃部，以夷制夷著称。[4]他在环州（今甘肃环县）"建学，令蕃官子弟入学"，引起了上级安抚司的怀疑，派人前去审查。王安石指

---

[1] 李焘：《续资治通鉴长编》卷210，熙宁三年四月癸未。
[2] 邵伯温：《邵氏闻见录》卷12，第125—126页。
[3] 关于新法派和反对派在政治上利用《尚书》的阐释而针锋相对的其他例子，见刘力耘：《政治与思想语境中的宋代〈尚书〉学》第一章《〈尚书〉学与熙宁新政》，第48—108页。
[4] 曾瑞龙：《北宋种氏将门之形成》，第29—34页。

出,种世衡此举并不是为了"得蕃官子弟为门人",培植私人势力,而是为了让蕃酋子弟不知不觉成为环州城内的人质。神宗表示同意:"世衡事事辄有计谋,其建学非苟然也。"王安石又话锋一转:

> 凡欲成大功、立大事,必须能见众人所不见,乃能成立。如韩信用兵,赵人笑之,诸将阳应曰"诺",及其已胜,诸将尚不知其所以胜也。

韩信背水列阵,大破赵军,是中国军事史上最著名的战例之一。他用兵不按常理,擅长出奇制胜,一度遭来敌人的讥笑和麾下将领的误解。[1]王安石得出结论,针对辽夏的兵机要务,一是要放手委任人才,二是不能为见识短浅的"众人"所误导,因为"众人亦安能见众人所不见?此恐虽有韩信,亦未肯为朝廷用也!"[2]王安石口中的"众人"所指为何,是很清楚的。

总之,不论是在针锋相对的激辩中,还是借商议具体政事而顺手一击,如王安石说得巧妙熨帖,往往能引起神宗的共鸣,史料常见记录王安石发言之后,"上笑""上悦""上大悦"。不必否认,历史显然也记载了大量神宗君臣之间十分冷静务实的政务讨论和决策。但是,上述官私记录中王安石的辩论姿态哪怕只有一半为真,即使他绝不如《辨奸论》中说的"是

---

[1]《史记·淮阴侯列传》。
[2] 李焘:《续资治通鉴长编》卷233,熙宁五年五月丙申。

王衍、卢杞，合而为一人","强辩"这顶帽子，他是很难甩掉的。有人觉得，王安石作为政治家，"纯任儒术，而乏法家之精神"，批评他拙于权谋，不够狠辣，不如张居正。❶然而，为了维护新法，王安石常常为一些他自己恐怕都未必相信的观念和立场辩护，至少到了在智识上不择手段的地步，这就是"强辩"的**第二层含义**。当然，政治不等于逻辑。在政治上，目的往往被认为高于手段，目的之正当性，常常用来为手段之不正当辩护，我们暂且将"强辩"视为一个中性词。

当然，别人说王安石"强辩"，不仅因为他精通如何挑起争论、引导话题，还因为他清楚，什么时机就该一言终结那些他觉得没必要再继续的聒噪。新法中的"农田水利法"有一项是"淤田"，就是开决河堤，利用河水冲刷和泥土淤积来改善河流两旁农田的土质。淤田的弊端在于容易造成洪灾，经过河水淤灌的土地往往到了秋冬便成沙土，因此并未长期实施。❷熙宁七年（1074），河北官员韩宗师控告主管滹沱河淤田的宦官程昉"堤坏水溢，广害民稼"等罪。宋神宗召见王安石，讨论来讨论去，王安石以为，不应为了行政过程中一些小差错而责怪"为国宣力之人"。神宗反驳："若果淤田有实利，即小小差失，岂可加罪？但不知淤田如何尔。"就是不知道淤田的实际效果怎样？王安石十分恼怒："今检定到出却好田一万顷，又

---

❶ 梁启超：《王安石传》，第203—206页。
❷ 邓广铭：《北宋政治改革家王安石》，第131—132页；梁庚尧：《北宋的改革与变法》，第71页。

淤却四千余顷好田,陛下犹以为不知淤田如何,臣实不审陛下所谓!"❶事实明摆着,我简直不明白陛下在说什么……

熙宁八年,王安石再入相,此前的变法助手韩绛不安于位,二人屡起争执。一次,韩绛与王安石"议事帝前,未决,即再拜求去",神宗有些惊讶:"此小事,何必尔?"❷其实,这一招,王安石自己就经常使用,时常赌气居家或者托疾不出,论折二钱这种小事也是如此。这一天,目睹韩绛"固求去位",王安石似乎已经忘记了这一切,当场叱喝:

(韩)绛若能以去就之义守职,臣亦何敢忘义,屈而从绛!且须论道理,未须言去就!❸

我说,这位同事,你完全可以跟我讲道理嘛,何必动不动就叫嚷辞职呢?

七、尧桀是非,终成一梦

熙宁九年(1076)十月二十三日,王安石罢左相,为镇南军节度使、同平章事、判江宁府。这是他第二次,也是最后一

---

❶ 李焘:《续资治通鉴长编》卷249,熙宁七年正月甲子。
❷《宋史·韩绛传》。
❸ 李焘:《续资治通鉴长编》卷264,熙宁八年五月丙子。

次罢相。❶

不知王安石自己是否有预感，这标志着他永远退出喧嚣的晚宋政坛。当他辞别神宗，坐船南下，泊船瓜洲，一江之隔，京口遥遥在目，"钟山只隔数重山"，仿佛能望到从钟山深处悠悠飘起的白云。他曾经觉得，自己就像一片孤云，"下无根蒂旁无连"，❷风吹着他东南西北飘荡，如今终于回到了诗意栖居的家园。从这一刻开始，那个喜欢"强辩"的宰相突然仿佛换了一个人，取而代之的是一个"能了诸缘如幻梦"，❸渴望"离一切计度言说"，❹远离一切朝堂之上的勾心斗角、言语纷争的老人。

他写钟山的云：

> 云从钟山起，却入钟山去。借问山中人，云今在何处？
> 云从无心来，还向无心去。无心无处寻，莫觅无心处。❺

---

❶ 王安石的罢相原因，见刘成国：《王安石年谱长编》（五），第1933页。一个新的解释，见林鹄：《忧患：边事、党争与北宋政治》，第85—205页。
❷ 王安石：《白云》，《王安石诗笺注》，第751页。
❸ 惠洪：《冷斋夜话》卷4，《全宋笔记》第二编第九册，第51页。
❹ 王安石：《答蒋颖叔书》，《王安石文集》，第1370页。
❺ 王安石：《即事二首》，《王安石诗笺注》，第134页。

"无心",没有执念,更准确地说,努力摒除执念,便是王安石暮年生活的基调。人们常常见到他跨着一头蹇驴,驮着数卷书籍,由一个老兵陪着,从半山园宅第出来,慢悠悠地四处逛上一圈,"或坐松石之下,或田野耕凿之家,或入寺。随行未尝无书,或乘而诵之,或憩而诵之",或朝或暮,兴尽而归。❶他对佛学投入了特别的热情,"见衲子必探其道学",❷还手注《金刚经》《维摩诘经》和《楞严经》。❸

苏轼回顾王安石一生学术,说他"少师孔、孟,晚师瞿、聃",就是指他退居钟山后对佛学庄老的兴趣。北宋士大夫还不像南宋道学家那样,刻意表现对异端的疏远排斥,反而与释道纠缠很多。不过,有人认为,王安石的"皈依",有一层特殊的心理动因。元代禅僧笑隐大䜣说:

> 荆公操守、学问高一世,以经济自任。及为相,不酌夫时世之异,取《周官》国服为息之意,行青苗、市易之法,如唐相房琯,用春秋车战而败也。公犹以望重,时君相如哲宗、温公,莫敢终非之。始蒋山元老期公于早岁,谓能甘淡泊如头陀,弃名利如脱发。故晚年闲居,若悟其失以应夫外者。既衍于用,而是非荣辱复何足较?不若齐得丧,一死生,以策勋于内,可穷天地、振万世之为得

---

❶ 王巩:《闻见近录》,《全宋笔记》第二编第六册,第32页。
❷ 惠洪:《林间录》卷下。
❸ 关于王安石与佛教,见王书华:《荆公新学及其兴替》,第97—108页。

第一章 是孟子,还是少正卯? / 051

也,乃日寻禅老游,有深旨矣。❶

这就是说,王安石晚耽释典,忘情山水,主要是因为他的毕生学术、政事,即在"外"的一面遭遇了重大挫折,感到"观身与世,如泡梦幻",❷引发了转向"内"的反思,不能"兼济天下",只得"独善其身"。退居江宁的王安石,一言一行都带着些许禅味道韵。尤其是他的诗歌,早年以"意气自许,故诗语惟其所向,不复更为涵蓄"(典型代表就是《登飞来峰》),到了晚年才臻于深婉不迫的意趣。❸有些诗歌,十年来见识他朝堂风采的敌友们大概会觉得陌生,落差太大,比如他的《岁晚怀古》:

先生岁晚事田园,鲁叟遗书废讨论。
问讯桑麻怜已长,按行松菊喜犹存。
农人调笑追寻壑,稚子欢呼出候门。
遥谢载醪祛惑者,吾今欲辩已忘言。❹

---

❶ 释大䜣:《蒲室集》卷14《题王荆公寻僧图》,《全元文》第35册,第426页。
❷ 王安石:《再答吕吉甫书》,《王安石文集·集外文》,第1804页。
❸ 叶梦得:《石林诗话》,转引自梁启超:《王安石传》,第279页。关于王安石诗歌与政治,见沈松勤:《宋代政治与文学研究》,"北宋党争与'荆公体'",第174—188页。
❹ 王安石:《岁晚怀古》,《王安石诗笺注》,第935页。

李壁说,"此篇全用渊明事",特别是末句,显然化用了陶诗名篇《饮酒》的"此中有真意,欲辩已忘言"。其实,这个典故来自《庄子·齐物论》的"辩也者,有不见也。夫大道不称,大辩不言",[1]表达了对"执是辩非"的否定。不论这位带着好酒来陪王安石酣论经籍的人是谁,[2]不论梦中如何难忘尧桀是非,最终,王安石仍然希望回到《齐物论》中无所是非的真境中——我与你辩论,就算赢了你,一定是我对吗?你输了,一定是你错吗?天地之间是否唯有是与非,又拿什么作标准判断是非呢:

> 既使我与若(你)辩矣,若胜我,我不若胜,若果是也,我果非也邪?
> 我胜若,若不吾胜,我果是也,而果非也邪?
> 其或是也,其或非也邪?其俱是也,其俱非也邪?……[3]

荆公的暮年吟咏,竟流露出对"强辩"的厌恶情绪,这是前人不太注意的。他还有一首小诗《偶书》:

> 惠施说万物,盘特忘一句。

---

[1] 袁行霈:《陶渊明集笺注》,第249页。
[2] "载醪祛惑",也出自陶诗《饮酒》第十八首:"时赖好事人,载醪祛所惑。"
[3] 《庄子·齐物论》。

（惠施善辩，盘特愚钝，"五百比丘，同授一偈，经四十九日，不记只字。"）

寄语读书人，呶呶非胜处。❶

他还表示，不再在意别人的公然冒犯：

风吹瓦堕屋，正打破我头。
瓦亦自破碎，岂但我血流？
我终不嗔渠，此瓦不自由。
众生造众恶，亦有一机抽。
渠不知此机，故自认怨尤。
此但可哀怜，劝令真正修。
岂可自迷闷，与渠作冤仇？❷

也许是佛经告诫荆公，"世智辩聪"——世俗的博学、聪慧、口才，其实是修证佛法的一重障碍，属于"八难"。❸反正，正如他寄给女婿蔡卞的诗中说的，他如今"老来厌世语，深卧塞门窦"；❹"鸟鸣山更幽"固然佳，最好还是"一鸟不鸣

---

❶ 王安石：《偶书》,《王安石诗笺注》，第133—134页。
❷ 王安石：《拟寒山拾得二十首其四》,《王安石诗笺注》，第137页。
❸ "八难"即不得遇佛、不闻正法之八种障难：在地狱难、在恶鬼难、在畜生难、在长寿天难、在边地之郁单越难、盲聋喑哑难、世智辩聪难、生在佛前佛后难。
❹ 王安石：《示元度》,《王安石诗笺注》，第31页。

山更幽"。❶

一年冬天,魏泰来访。熙宁二年王安石拜相之日,就是这位来客在相府西庑小阁中陪主人听雪。王安石欣然邀魏泰同游钟山,二人至法云寺僧房小憩,"是时,正当霜雪,而虚窗、松竹,皆如诗中之景",魏泰轻声念出了王安石当日写下的诗句:"霜筠雪竹钟山寺,投老归欤寄此生。"并笑着提醒,这句多少有了点诗谶的意思。"公怃然曰:'有是乎?'"然后,只一味"颔首微笑"而已。❷

元丰七年(1084)六月,苏轼从"乌台诗案"后的贬官地黄州(今湖北黄冈),被神宗放到了汝州(今河南汝南)。他如鱼脱钩,乘船沿江走亲访友,途经江宁,有意拜见王安石,竟见王安石"野服乘驴,谒于舟次"。苏轼干脆也着便服下船:"轼今日敢以野服见大丞相!"❸据说,他们诵诗说佛,又免不了聊起了政治。王安石正色对苏轼说:"人须是知'行一不义,杀一不辜,得天下弗为',乃可!"苏轼听了,哈哈一笑:您的要求太高了,"今之君子,争减半年磨勘,虽杀人,亦为之!"❹苏轼戏谑完,记录者只说:

---

❶ 王安石:《钟山即事》,《王安石诗笺注》,第1652页。
❷ 魏泰:《东轩笔录》卷12,《全宋笔记》第2编第8册,第95页。
❸ 朱弁:《曲洧旧闻》卷5,第151页。元丰七年的王、苏之晤,见朱刚:《苏轼十讲》,第六讲"王苏关系",第222—232页。
❹ 关于"减半年磨勘",见邓广铭:《邓小南〈宋代文官选任制度诸层面〉序言》,《邓广铭治史丛稿》,第53页。

介甫笑而不言。❶

有一天,王安石把老兵留在宅中,独自一人,"幅巾杖屦",去钟山深处的寺院闲逛。在离寺庙不远的一座凉亭里,他遇到几个读书人正在畅谈文史,"词辩纷然"。他悄然在一边坐下,把竹杖放在膝上,一言不发,众人讨论得正激烈,也无人招呼。荆公只静静听着。有那么一瞬,他竟然有些恍惚,仿佛在冷眼旁观当年政事堂中和前后殿上的自己,还有唐介、范镇、文彦博、司马光、吕惠卿、曾布……过了许久,坐在上首的一人一眼瞥见了这位衣着朴素的黑瘦老者,语气带着些傲慢地询问:"亦知书否?"对方点了点头,"唯唯而已"。又有好奇的人问他,姓甚名谁,何方人氏?

公拱手答曰:"安石姓王。"众人惶恐,惭俯而去。❷

同当年那个动辄拍桌子大吼"君辈坐不读书"的人相比,他,终于成了一个善于倾听别人的人,至少看上去如此。

---

❶ 邵伯温:《邵氏闻见录》卷12,第128页。
❷ 刘斧:《青琐高议·后集》卷2,第108—109页。

第二章 庙号称"神"者

一、卡夫卡式皇权？

德国文豪卡夫卡写过一篇关于中国皇帝的寓言——《一道圣旨》，颇有些魔幻色彩：

有这么一个传说：皇帝向你这位单纯的可怜的臣仆，在皇天的阳光下逃避到最远的阴影下的卑微之辈，他在弥留之际恰恰向你下了一道圣旨。他让使者跪在床前，悄声向他交代了旨意；皇帝如此重视他的圣旨，以致还让使者靠近他耳根复述一遍。他点了点头，以示所述无误。他当着向他送终的满朝文武大臣们——所有碍事的墙壁已拆除，帝国的巨头们伫立在那摇摇晃晃的、又高又宽的玉墀上，围成一圈——皇帝当着所有这些人派出了使者。

使者立即出发；他是一个孔武有力、不知疲倦的人，一会儿伸出这只胳膊，一会儿又伸出那只胳膊，左右开弓地在人群中开路；如果遇到抗拒，他便指一指胸前那标志着皇天的太阳：他就如入无人之境，快步向前。但是人口是这样众多，他们的家屋无止无休。如果是空旷的原野，他便会迅步如飞，那么不久你就会听到他响亮的敲门声。但事实却不是这样。他的力气白费一场；他仍一直奋力地穿越内宫的殿堂，他永远也通不过去；即便他通过去了，那也无济于事：下台阶他还得经过奋斗，如果成功，仍无济于事；还有许多庭院必须走遍；过了这些庭院，还有第二圈宫阙；接着又是石阶和庭院；然后又是一层宫殿；如此重重复重重，几千年也走不完，就是最后冲出了最外边的大门——但这是决计不会发生的事情——面临的首先是帝都，这世界的中心，其中的垃圾已堆积如山。没有人在这里拼命挤了，即使有，则他所携带的也是一个死人的谕旨。——但当夜幕降临时，你正坐在窗边遐想呢。[1]

传达谕旨的使臣，迷失在重重围绕皇帝的人群、台阶、庭院、宫阙和城市之中，甚至不知道皇帝已经驾崩。这个寓言有不同的解读法，有人说，这是讽刺腐朽低能的奥匈帝国官僚体制。《一道圣旨》是短篇小说《中国长城建造时》中的断章，1919年单独发表。国内读者读到这篇寓言，显然更容易联想起中国专制君主下的官僚制。

其实，古代中国有自己独特的关于皇权和官僚的寓言：

> 太祖皇帝（赵匡胤）尝令后院造一熏笼，数日不至。帝怒，责左右，对以事下尚书省，尚书省下本部，本

---

[1] 叶廷芳编：《卡夫卡全集》，第185—186页。

部下本寺，本寺下本局，覆奏，又得旨依，方下制造，乃进御，以经历诸处故也。

帝怒，问宰相赵普曰："我在民间时，用数十钱可买一熏笼。今为天子，乃数日不得，何也？"

普曰："此是自来条贯，不为陛下设，乃为陛下子孙设。使后代子孙若非理制造奢侈之物，破坏钱物，以经诸处行遣，须有台谏理会，此条贯深意也。"

太祖大喜曰："此条贯极妙！"❶

宋太祖下令置办熏笼，不料，这道圣旨，就仿佛卡夫卡笔下那道圣旨一样，在官僚制的繁复迷宫中转了一大圈，好多天都不见动静。太祖龙颜大怒，赵普的一番巧妙劝诫，竟使他转怒为喜。这则故事，常常被引述，作为宋代皇权在制度上受到极大制约的论据：连赵匡胤这样靠枪棒起家的开国雄主，也得遵循"自来条贯"。不过，赵普能让太祖转怒为喜，其实利用了攘夺天下的帝王"视天下为莫大之产业，传之子孙，受享无穷"（黄宗羲《原君》）的自私心理。皇帝应受"条贯"约束，只因为"条贯"能确保统治阶级的总体长远利益；统治阶级之共同利益的"公"、统治阶级总代表皇帝及其家族的"私"，二者唯有互相成全，相互支撑，才能行之久远。这种君主和官僚

---

❶ 杨万里：《杨万里集笺校》卷69《轮对札子》，第2947—2948页。

的共生关系,并不必然包含普遍性的"公"。❶由此看来,这则为人津津乐道的故事,反映的不过是一种相当促狭的政治观念。不过,故事又形象地揭示了士大夫政治的一个根本特征,就是它的二重性、矛盾性。

对宋代的皇权和士大夫政治,历来评价颇高。学者认为,到了宋代,鉴于五代篡夺相继,加上理性主义儒学的复兴,皇权的神圣性大大弱化;新兴的科举士大夫以道自命,将国家利益、社稷安危、天下兴亡看得高于皇权,君主的自律意识也较强,"事为之防,曲为之制"的制度让皇帝被各种繁密的条例法规包围,"犹如器中之水,不得不从";此外,宋代的士大夫政治还通过"天命""道义""法度"三道"紧箍咒",以及"祖制""公议""青史"三堵"墙"来进一步制约皇权。结果,宋代皇权进一步走向"象征化",表现为政治决策往往不反映皇帝的主观意志,而反映士大夫集团特别是其领袖——宰相的意志。❷不大赞成"皇权象征化"、认为宋代皇权较前代有所加强的学者,一般也同意,宋代君主的独裁权力受到了更好的规范。皇帝掌握立法权、否决权,深度参与日常政治决策,经验丰富、熟悉法度的宰辅掌握行政权,二者既互相依赖,又冲突博弈,同时皆受台谏(代表中下层士大夫)制约,形成了皇帝

---

❶ 另一则逸事说,赵普对宋太祖问"天下何物最大"时,回答"道理最大",多少有一些强调普遍的"公"的意思。见《中兴两朝圣政》卷47。

❷ 王瑞来:《论宋代皇权》《皇权再论》《走向象征化的皇权》,收入氏著:《近世中国:从唐宋变革到宋元变革》,第25—112页。

与士大夫"共治天下"的独特政治结构。❶

在古代中国,早熟的官僚制是早熟的君主专制的配合物。❷专制君主+职业官僚,是延续二千年的"秦政"的核心组合,它一方面承认世袭君主权力的神圣性、绝对性和终极性,另一方面也包含了一套规范权力运行的"制君"机制。❸历史上最独裁的统治者,也无法单枪匹马,为所欲为,这是政治学的常谈。宋代皇帝也不例外,他们既依赖官僚来统治,就多多少少要受到官僚制的牵掣。韦伯早就说过:"面对官僚制内行的优势知识,专制君主也是软弱无力的。"❹除了信息不对称,官僚制一般是等级有序、繁文缛节,具有很强的惰性和自利倾向。但是,君主是否"专制",并不以是否受到来自官僚制的约束为标准,而以君主和臣民缺乏责任-权利的清晰界限为标准。专制君主不见得对亲自处理繁冗的政务感兴趣,愿意吃"衡石量书,日夜有呈,不中呈不得休息"的苦,但总是保留在任意时刻、任意事项上横加干预的专断权力。因此,宋代皇帝绝不是政令不出禁闼的卡夫卡式皇帝。层叠的"咒"和"墙"要真正发挥一点作

---

❶ 张其凡:《"皇帝与士大夫共治天下"试析——北宋政治架构探微》;余英时:《朱熹的历史世界:宋代士大夫政治文化的研究》第三章《"同治天下"——政治主体意识的显现》,第288—312页;张邦炜:《论宋代的皇权和相权》;王化雨:《面圣:宋代奏对活动研究》,第239—258页。
❷ 王亚南:《中国官僚政治研究》,第29—30页。
❸ 见余英时:《"君尊臣卑"下的君权与相权》、甘怀真:《皇帝制度是否为专制?》等文章。
❹ 韦伯:《经济与社会(第二卷 上册)》,第1133页。

用，需依赖皇权的合作（尽管可以通过儒学教育让皇帝更愿意配合一点），本质上都是一些不带问责机制的柔性约束。借用卡夫卡的话，只是一些推推搡搡、兜兜转转的"抗拒"（Widerstand），只要皇帝的意志足够强大，几乎都能够克服或规避。在前近代社会，唯有强大而相对独立的社会阶级或集团，如封建贵族、宗教势力、商业城市……才能真正对专制权力构成刚性约束。

算起来，官僚士大夫发明设计出来，打算将皇权去个性化、中立化的办法，许多在先秦时期就出现了。它们很大程度上维系了专制秩序的稳定，却始终没有在解决其内在矛盾方面有实质性突破。❶这些协助皇权自我调整的机制，历经宋、金、元、明，也都渐次空洞化，名存实亡。❷特别是北族王朝的统治，重"根脚"、族姓或吏干，这些都是科举士大夫的竞争性替代品。皇帝不与士大夫而与种人、国人乃至家奴"共治"，把士大夫降低到同后者一样甚至更低的地位，也无伤大雅。比起封建贵族，士大夫阶层流动性的另一面即脆弱性、依附性乃至奴性，也愈加明显，哪怕他们能变身"地方精英"。宋明儒学在几次干预现实政治遭遇重大挫折后，重心从"外王"转向"内圣"，不论尊德性还是道问学，同流于空疏或支离，皆为专制君主所乐见，成为牢笼人心、禁锢思想的工具。至此，皇权就在统治和思想层面完成了对士大夫的驯服。蓦然回首，北宋政治只是这个长期历史过程的开端。

---

❶ 尤锐：《展望永恒帝国：战国时代的中国政治思想》，第133—134页。
❷ 周良霄：《皇帝与皇权（第三版）》，第286—312页。

说到宋代的皇权受士大夫政治的约束，另一则故事也常被引述，据说宋神宗由于对西夏战争失败，想处死一名负责军队后勤的漕司官员，遭到宰执蔡确、章惇的抵制。即便神宗让步，希望将此人"刺面，配远恶处"，章惇依旧顶撞："士可杀，不可辱！"神宗"声色俱厉"，怒吼：

> 快意事便做不得一件！❶

其实，如果较真一下，除了不曾滥杀士大夫，宋神宗做的"快意事"，可不止一件两件。

二、说难

在君主专制的框架内，皇帝的意志是权力运行和政治活动的总枢机。❷儒家所谓"君正，莫不正，一正君而国定矣"，❸法家所谓"三寸之机运而天下定，方寸之基正而天下治"。❹在

---

❶ 高文虎：《蓼花洲闲录》。这则逸事或源于李焘：《续资治通鉴长编》中神宗放弃迅速处决徐勋时自认"朕平生未尝作快意事"的记载，见吴钩：《快意事更做不得一件》，《文史天地》2022年第10期。
❷ 宋代思想中君主在政治秩序和变革中的关键地位，见方诚峰：《北宋晚期的政治体制与政治文化》，第14—16页；林鹄：《忧患》，第209—211页。
❸ 《孟子·离娄上》。
❹ 《太平御览》卷39引《申子》。此处采用顾立雅校订的版本，见顾立雅：《申不害：公元前四世纪中国的政治哲学家》，第291页。

官僚士大夫看来，国家权力和政务，可以通过各种方式委托出去，但一切权力的源头——皇权，绝不能被女宠、外戚、阉人、佞幸、权臣等邪恶势力污染侵蚀。因此，皇帝必须是绝对清醒的仲裁者，"主威独运"，"总揽威柄"，这种"健康"的独裁正是善治、共治的基础。❶不论是新法派，还是反新法派，全都一边大声吁请皇帝一人独断，一边又以各种方式影响或左右皇帝的意志。王安石说得很直白，谁争取到神宗，谁就等于获得了压倒性胜利：

  事不在庙堂，乃皆在圣心。圣心辨君子、小人情状分明，不为邪说所蔽，即无事不成。❷

他还说：

  孟子谓："政不足间，人不足适，一正君而国定。"臣所以但欲开导圣心，庶几感悟。若圣心感悟，不为邪辞诐行所惑，则天下自定，小人自当革面顺从，岂须臣区区每与计校？❸

怎么争取神宗？据王安石自己说，他的办法主要是敦促皇

---

❶ 刘静贞：《皇帝和他们的权力：北宋前期》，第186—196页。古丽巍：《宋神宗元丰之政的形成及展开》，第146—149页。
❷ 李焘：《续资治通鉴长编》卷241，熙宁五年十二月丁酉。
❸ 李焘：《续资治通鉴长编》卷224，熙宁四年六月丁巳。

帝"务近其人（王安石自己），论先王之道以自明"。❶程颐、程颢评价："如介甫之学，他便只是去人主心术处加功，故今日靡然而同，无有异者，所谓一正君而国定也。"❷反新法派，比如司马光，同样强调，"夫治乱安危存亡之本源，皆在人君之心"。❸范祖禹也说："用君子则治，用小人则乱。君子与小人，皆在陛下心之所召也。"❹熙宁十年（1077），司马光期待宰相吴充能释放反新法的舆论，影响神宗的政治倾向："不先别利害，以悟人主之心，则五者（指青苗、免役、保甲、市易、拓边）不可得而去矣；欲悟人主之心，而不先开言路，则人主之心不可得而悟矣。"❺

双方所必争者，同在乎"人主之心"，准确地说，就是神宗之心。孟子说"一正君而国定"，但"惟大人能格君心之非"。双方都相信，自己就是这个"大人"——皇帝的导师、监护人和引路人。所谓政治辩论，有一大半是针对君主本人的政治游说。然而，在"圣心"这个政治斗争的主战场上，王安石显然获得了巨大的成功："每奏事，上多顾安石语，及所禀奏，无不从，每至午（上午11时左右）间犹未罢"，❻相反，司马光则只能退居洛阳独乐园去编他的《资治通鉴》，为何结果竟如此相反呢？

---

❶ 王安石：《答圣问赓歌事》，《王安石文集》，第1083—1084页。
❷ 程颢、程颐：《二程集》（上），第50页。
❸ 李焘：《续资治通鉴长编》卷354，元丰八年四月甲申。
❹ 李焘：《续资治通鉴长编》卷410，元祐三年五月癸丑。
❺ 李焘：《续资治通鉴长编》卷286，熙宁十年十二月末。
❻ 李焘：《续资治通鉴长编》卷231，熙宁五年三月戊戌。

其实，宋儒强调"正君心是大本"（朱熹），汲汲于"开启圣心"，效果未必理想，甚至可能适得其反，宋哲宗就是一个生动的例子。韩非子认为，政治游说的困难，并不在于内容、口才的好坏，关键在于游说对象本身——人主的心理："凡说之难，在知所说之心，可以吾说当之。"法家虽然也想说服君主变法，但他们从现实主义和经验观察得出的结论是：人主之心不一定是因变量，常常是自变量，甚至不变量；很多时候，圣贤之主、中材之主、昏暗之主，都一样不具有可塑性。所以，"谏说谈论之士，不可不察爱憎之主而后说焉"。❶

那么，宋神宗的爱憎，究竟是怎么样的呢？

神宗赵顼，治平四年（1067）正月即帝位，年方20岁，是一位风华正茂的青年君主。朱熹如是评价这一历史性的权力转移："英宗即位，已自有性气，要改作，但以圣躬多病，不久晏驾……神宗继之，性气越紧，尤欲更新之。"❷神宗有锐气，渴望一扫宋仁宗以来朝野上下沉闷迟缓的暮气，彻底扭转法度纵驰、吏治偷惰、府库虚竭的局面。他又有野心，渴望振兴武备，慑服辽夏，恢复失去的"汉唐旧疆"。❸简而言之，就是富国强兵。据说，神宗刚即位不久，就"被金甲，诣慈寿宫"，得意地问祖母曹太后："娘娘，臣着此好否？"曹太后不忍过分打击他，只得委婉劝说："汝被甲甚好。虽然，使汝至衣此等物，

---

❶《韩非子集解》，第91—92页。
❷ 黎靖德编：《朱子语类·本朝四·自熙宁至靖康用人》，第3095页。
❸ 黄纯艳：《"汉唐旧疆"话语下的宋神宗开边》。

则国家何堪矣！"[1]神宗还为储积军需物资的元丰等库写过一首命名诗：

> 每虔夕惕心，妄意遵遗业。
> 顾予不武姿，何日成戎捷？[2]

历史人物的性格和思想总是复杂、立体、多面的，政治人物尤其如此。[3]宋神宗的历史形象，有儒家理想君主的一面，主要体现为孝友、节俭、自律、勤政，但他身上也有一些与儒家理想扞格不入的奇特之处。神宗为颖王时，曾"出新录《韩非子》"，让宫僚校雠，遭到侍读孙永批评："非险薄刻核，其书背《六经》之旨，愿毋留意！"[4]这番话，他肯定没有听进去。在政治思想上，神宗既受儒家那套"帝范""帝学"的影响，又是法家、道家的自学成才者。他即位时虽是一青年，其实已经完成了几乎全部的教育和自我教育，走完了一生岁月的一半路途。不久，他就开始将自己一些独特的想法付诸言论和政事。臣下评论，神宗"临朝旰昃，睿明四达，动必稽古，言必本经，至于裁决万机，判别疑隐，皆出群臣意表"，[5]并不全是阿谀之辞。

---

[1] 蔡絛：《铁围山丛谈》卷1，第7页。
[2] 李焘：《续资治通鉴长编》卷295，元丰元年十二月。
[3] 关于神宗的历史评价，参见仲伟民：《宋神宗》，第267—304页。
[4] 《宋史·孙永传》。
[5] 李焘：《续资治通鉴长编》卷299，元丰二年八月甲辰。

熙宁五年（1072），原成都府路提点刑狱官谢景初，据说与娼妓爆出丑闻，遭受处分。其实，他大概是因为对新法有意见，遭到上司蓄意打压，所以坚决不认罪。❶神宗命令邻近的利州路派人前往成都府，设立"制勘院"（诏狱）调查审讯。冯京求情说，谢景初好歹是"在一路吏民之上"的监司，强迫他万里迢迢返回原治所接受审判，似乎过分了，贾谊说过"当养人臣以廉耻"，还是就近审讯他比较得体。唐代张说用同样的话劝过唐玄宗："臣闻刑不上大夫，为其近于君，且所以养廉耻也。故士可杀，不可辱。"❷这是个有名的故事，神宗自然知道，然而，他立即反驳说：

> 景初自无廉耻，如此更困辱之，亦无伤！所谓"刑不上大夫"者，既刑，即不可使复为大夫。贾谊所言恐非是。兼景初在本路桀骜，不奉朝廷法令，其自为乃如此，何足恤！❸

神宗的诏狱，多用来打击对新法持有异议、奉行不力的官员。撇开这点不谈，他对《礼记》"刑不上大夫"的解释，十分奇诡。古今一般的理解，是认为古代贵族地位尊崇，不该用肉

---

❶ 元祐初，反新法派当权，判定谢景初"只因提举司论议不合，加诬坐罪"，给他平反了罪名，元符初，新法派当权，又予以翻案。见李焘：《续资治通鉴长编》卷504，元符元年十二月乙未。
❷《资治通鉴》卷212《唐纪二十八》。
❸ 李焘：《续资治通鉴长编》卷234，熙宁五年六月壬子。

刑来残毁其身体，侮辱其人格，后世演化为官僚士大夫主张的身份性特权，违法犯罪能按照各种规定获得减免，保全体面。❶神宗却指出，自贾谊以来将这句话解释成皇帝要"体貌大臣"，错了！是"既刑，即不可使复为大夫"：君主用刑罚来惩戒甚至折辱官员，名义上不用再顾忌什么"刑不上大夫"的传统，而是像韩非说的"刑过不避大臣"；不仅如此，士大夫一旦遭受刑罚，便永远丧失了尊贵的身份，不再有亲近君主的资格。由此，这句儒家格言原本的逻辑完全逆转——从规范"君"转到规范"臣"。

黄河水系自宋代开始成为北方大患。如何改道，如何兴役，臣下议论纷纭，莫衷一是。元丰四年（1081），神宗竟讲出一套"以道治水"的见解："若以道观之，则水未尝为患，而州县为水之害耳。"❷后来，他进一步解释：

> 夫水之趋下，乃其性也。以道治水，则无违其性，可也。如能顺水所向，迁徙城邑以避之，复有何患？虽神禹复生，不过如此也。❸

"以道观之"出自《庄子·秋水》：从道的角度俯视万物，消解了一切人为的相对性，万物齐一，物我无分。宋人一般认

---

❶ 瞿同祖：《中国法律与中国社会》，第215—237页。
❷ 李焘：《续资治通鉴长编》卷313，元丰四年六月戊午。
❸ 李焘：《续资治通鉴长编》卷321，元丰四年十二月戊辰。

为，河患治理，复杂而艰巨，"不可以人力国财，强与水争"；❶特别是黄河下游河床因泥沙淤积不断抬高，一旦决口，很难彻底改回故道，"高者强之使下，下者强之使高"就是"逆天地之性"，"必害天地之生民"，❷这些说法都还在理。事实上，城郭、百姓也常因水患逼迫，辗转迁徙。但是，寻出一种"自然主义"的理由——不让人为或文明的桎梏来损害自然的"善"，以"州县为水之害"来自我否定，消极避让，这显然很庄子，甚至有点老子"圣人不仁，以百姓为刍狗"的意思。神宗这一既作为又不作为的论调，自诩"神禹复生"，与据说出自欧阳修的"开河如放火，不开如失火"、文彦博的"河（漳河）久不开，不出于东，则出于西，利害一也"，❸可并称北宋治水的三大宏论（尽管这些议论在特殊语境中或许自洽）。

尽管神宗有一些不尽成熟的奇思妙想，还津津自得，尽管他有一些姿态难免是青年人应付大他好几岁的老臣的刻意矫饰，政治手腕也略显得生涩，但是，随着他年龄渐长，阅历渐丰，最终达到了"临御久，群臣俯伏听命"的地步。❹法（刑赏之道）、术（驭臣之术）、势（集权高压）这一套"帝王之具"，他操控得越来越得心应手，收放自如：

（一）明法尚刑，威严御下。苏辙就说："先帝操之以法，

---

❶ 范纯仁语。李焘：《续资治通鉴长编》卷415，元祐三年十月庚子。
❷ 范百禄语。李焘：《续资治通鉴长编》卷421，元祐四年正月戊戌。
❸ 《宋史·河渠志一》，《宋史·河渠志五》。
❹ 李焘：《续资治通鉴长编》卷327，元丰五年六月乙卯。

济之以威，是以令无不从。"[1]神宗对"法"有不少公开论断，如以为"制法当使人乐趋而竞奋"、"王者之法如江河，使人易避难犯"，等等。[2]连王安石都责备他不愿"讲论帝王之道术"，"但欲多立法制，以驭群臣"。[3]神宗还屡次兴起轰动朝野的诏狱。[4]其实，他心里清楚，诏狱是一柄双刃剑，说过："每一制狱，连逮者众，穷冬盛夏，宁无冤滥？"[5]苏轼的"乌台诗案"大抵就是如此。不过，熙丰诏狱虽有枝蔓株连、过度求治的弊端，"逮系颇众，有司极于锻炼，群下无不震恐"，但最终的惩罚尺度，由神宗亲自把握，"比至临决，多从末减"，[6]并未造成诛杀冤案，只是借此来持续威慑、打压抵制新法的势力。

（二）以察为明，好亲细故。后人说神宗"裁决庶政，动出亲札"，[7]大搞御批政治。他对边防军务尤其有兴致，"一日至十数批降指挥"，边事无不察。[8]自治平四年（1067）至熙宁十年（1077），神宗下达的御笔手诏，多达1346道，沈括任边帅才一

---

[1] 李焘：《续资治通鉴长编》卷404，元祐二年八月戊申。
[2] 李焘：《续资治通鉴长编》卷241，熙宁五年十二月，卷233，熙宁五年五月乙巳。
[3] 李焘：《续资治通鉴长编》卷230，熙宁五年二月乙卯。
[4] "诏狱"是由皇帝下诏差官审理重大案件，关于神宗时期的诏狱，见戴建国：《熙丰诏狱与北宋政治》。
[5] 李焘：《续资治通鉴长编》卷321，元丰四年十二月丙辰。
[6] 李焘：《续资治通鉴长编》卷290，元丰元年七月庚子。
[7] 《楼钥集》卷69《跋汪季路书画·蔡京自书窜谪元符党人诏草》，第1220页。
[8] 李焘：《续资治通鉴长编》卷224，熙宁四年六月乙丑。

年半就收到273道密诏。❶

当然,中央政府日常处理的各种信息是海量的,所谓"亲细故",很多时候也是杀鸡儆猴,一种法家的督责之术。据说,王安石想安排朱柬之管理左藏库,朱柬之以年老不便宿直为由推辞,希望同预定要去进奏院任职的某人对调。翌日,王安石如约请求神宗批准改任某人监左藏库。不料,神宗突然发问:"不用朱柬之监左藏库,何也?"王安石莫名其妙,不知皇帝从何得知幕后的人事运作。这正是韩非"七术"中的"挟知而问"。元丰年间,韩缜奉命出使辽国,商议划分两国边界,他舍不得家中的爱妾刘氏,临行前,"剧饮通夕,且作乐府词留别"。不料,翌日,禁中就发下御札,命令侍卫步军司派兵护送韩缜家属随行北上。韩缜起初大惑不解,后来才得知,自己头天夜里创作的爱情小调,早已由密探送去给了神宗御览。❷于是,史称:"上之机神临下,多知外事,虽纤微莫可隐也。"❸

神宗喜欢插手琐事的作风,也接连遭到王安石的尖刻挖苦:

> 陛下所以未能调一天下,兼制夷狄,止为不明于帝王大略,非谓如此小事有所不察也。
>
> 陛下修身齐家,虽尧、舜、文、武亦无以过,至精察

---

❶ 李裕民:《从王安石变法的实施途径看变法的消极影响》;李全德:《信息与权力:宋代的文书行政》,第166页。
❷ 叶梦得:《石林诗话》卷上。
❸ 李焘:《续资治通鉴长编》卷225,熙宁四年七月戊申。

簿书刀笔之事，群臣固未有能承望清光。然帝王大略，似当更讨论。❶

陛下于刑名、度数、簿书丛脞之事，可谓悉矣！然人主所务在于明道术，以应人情无方之变。刑名、度数、簿书之间，不足以了此。❷

如陛下朝夕检察市易务事，乃似烦细，非帝王大体，此乃《书》所谓"元首丛脞"也。❸

……

（三）在神宗的诸多政治作风中，最令王安石不满的，是神宗打着"异论相搅"的家法旗号，参用"君子""小人"，大搞制衡，而变法磕磕绊绊，多半是由于神宗总是"于诞谩之人曲示含容，所以小人之志得行"。❹神宗一边提拔新法派，推行新政，一边对反对新法的元老旧臣，如富弼、吴充、文彦博、司马光、吕公弼、冯京等人，另有安排甚至重用。宰执之外的三司使、两制、台谏官员中，反新法派也不乏其人。这实际上是使双方互相监督，互相牵制，达到君权独尊的效果。王安石对此十分恼火："若朝廷人人异论相搅，即治道何由成？"❺此外，

---

❶ 李焘：《续资治通鉴长编》卷229，熙宁五年正月壬寅。
❷ 李焘：《续资治通鉴长编》卷232，熙宁五年四月辛未。
❸ 李焘：《续资治通鉴长编》卷240，熙宁五年十一月丁巳。
❹ 李焘：《续资治通鉴长编》卷239，熙宁五年十月丁亥。
❺ 邓广铭：《北宋政治改革家王安石》，第257—259页。罗家祥：《朋党之争与北宋政治》，第76—83页。

神宗还依靠皇城司、走马承受等机构为耳目,任用一批外戚及内臣亲信,多方刺探情报,纠察官吏。[1]

神宗之前的真宗、仁宗、英宗皆是"弱主"。神宗的强势形象完全是他自己建构起来的。在某种意义上,神宗,至少要比同时代的许多人,包括文彦博、司马光、王安石……更接近把握现实政治的本质(权力和支配)。这既是,但又不仅是因为他坐拥皇权。

明法尚刑,苛察细事,玩弄制衡,宋神宗的这些政治性格,无一不受到王安石的痛切指责。不过,他还有一样性格,不但从未见王安石訾议,君臣二人仿佛还有点乐在其中。这种性格,同他的年龄、锐气、思想乃至权术都无法分割,甚至是由这些因素共同形塑的,那就是:神宗好辩。

三、寡人好辩

宋神宗大概是两宋君主中唯一以才辩自矜的人。苏辙就奉承他"聪明睿智,博达宏辩"。[2]沈括提醒同事,"圣主可以理夺,不可以言争",不是因为"圣主"沉默内向,不喜聒噪,而是争他不过。[3]

不论视朝听政,还是经筵问对,神宗有意无意展现的智识

---

[1] 何冠环:《拓地降敌:北宋中叶内臣名将李宪事迹考述》(下),第344页。
[2] 苏辙:《上皇帝书》(熙宁二年),《苏辙集》,第368页。
[3] 李焘:《续资治通鉴长编》卷255,熙宁七年八月丙戌。

和词锋,都带给熙丰臣僚莫大的压迫感。

有时候,这种压迫感来自皇帝对知识、义理一丝不苟的较真。有人奉承他"博洽多闻,闻一知十,每发疑难,迥出人意表",❶为他讲说儒家经典的侍从经常被问得张口结舌,汗流浃背:

> 神宗皇帝喜谈经术,臣下进见或有偶承圣问者,多皇遽失对。❷

吕升卿(吕惠卿之弟)和沈道原(王安石妹夫,字季长)曾一起担任经筵侍讲:

> 上时问以经义,升卿不能对,辄目季长从旁代对。上问难甚苦,季长辞屡屈。
> 上问:"从谁受此义?"
> 对曰:"受之王安石。"
> 上笑曰:"然则且尔。"❸

有时候,这种压迫感源于皇帝对逻辑、事实、修辞,特别是细节的挑剔。大臣上殿奏事可以宣读札子,在笏板上打点小

---

❶ 张舜民:《画墁录》。
❷ 朱弁:《曲洧旧闻》卷2,第103页。
❸ 李焘:《续资治通鉴长编》卷253,熙宁七年五月丙辰。

抄，至于临时应答，全靠个人素质，遇上神宗，就"时因奏事有被诘谪者"，[1]叫苦不迭。

举个例子。前面说过，神宗对边防军务尤其有兴致。当时，宋朝和安南关系恶化，很快就兵戎相见。有一次，神宗和大臣讨论前线传回来的报告，据说，南征大军打到了一个叫桄榔村的小地方。神宗问，桄榔这个地方在哪？大家面面相觑，说不出个一二三来。神宗干脆代替他们回答："桄榔至某所五十里而近，至某所百里而远。"不仅如此，安南这个偏远小国的其他地理情报，皇帝也"险夷迂直，如指诸掌，左右皆惊"。[2]

事实上，王安石二次罢相不久，中书门下承受不住"圣问多出意表"，[3]从元丰元年（1078）闰正月开始着手编纂《中书备对》，就像应付老师提问吃力的小学生，被迫提前做好功课。此书修成后，多达一百二十五门，内容详赡，"以知官吏流品、户口、钱谷之数，以知礼法文物、军兵名额之数，以知刑罚赦宥之事、夫役之数，小大精粗，无乎不备。"[4]

在政事上，要过神宗这一关，确实不容易。熙宁三年（1070）六月，江淮等路发运使薛向推行新法有功，擢为天章阁待制，遭到御史中丞冯京的反对。冯京上了一道很长的奏章，

---

[1] 李焘：《续资治通鉴长编》卷327，元丰五年六月乙卯。
[2] 晁补之：《资政殿大学士李公行状》，《全宋文》第127册，第63页。笔者在清华大学人文学院李昌瑞同学的本科论文中最先见到了这条史料。
[3] 李焘：《续资治通鉴长编》卷287，元丰元年正月戊子。
[4] 富大用：《古今事文类聚·遗集》卷1，转引自马玉臣：《〈中书备对〉辑佚校注》，第1页。

批评薛向以聚敛出名,不配当待制。神宗面告王安石:

> (冯京)此疏极疏谬,朕与逐条诘难,京即服其非,拜谢而去。❶

面对一些低水平、乏新意的重复拖沓,神宗就没有对待老臣冯京那般"逐条诘难"的耐心了。变法之初,台谏纷纷上章反对,王安石和韩绛希望皇帝亲自出面,"晓谕台谏,无使纷纷"。神宗显然不乐意浪费时间跟反新法派废话:

> 安得如许口颊与说!❷

至于那些表现实在不中看的臣下,神宗不介意当廷痛斥,不留情面。李复圭在知庆州任上贪功冒进,惨败于西夏,牺牲了不少官兵,遭弹劾贬官,不久,朝廷又起用他知曹州(今山东曹县西北)。李复圭轻率躁急,言辞泼辣,"喜以语侵人"。❸他对新差遣很不满意,"上殿有怨怼语",抱怨自己20年前就做过曹州知州,"今日羞见吏民"。李复圭话音刚落,宋神宗哂笑一声,一句话就令其无地自容:好好听听你麾下那些阵亡将士的孤儿寡母的哀号——

---

❶ 李焘:《续资治通鉴长编》卷212,熙宁三年六月辛巳。
❷ 杨仲良:《皇宋通鉴长编纪事本末》卷68《青苗法上》。
❸《宋史·李复圭传》。

> 庆州纳斡之役，枉死者至数千人！卿独不羞见其妻子，乃羞见曹州吏民乎？❶

神宗的御制文集在元祐年间编成，除了其中论及兵机的部分必须保密管理外，其余部分本来照例要赐给"文臣待制、武臣观察使以上"的高级官员。然而，宰执们一合计，觉得这部分御集也有不少军事机密，以及皇帝当年"峻斥大臣"的刻薄言语，赐给大臣本人只会徒增尴尬，最终决定算了。❷

皇帝自矜才辩，睥睨群下，许多臣子也只得装出一副"缩栗震慑"的样子，避其锋芒。❸对此，宋神宗也有些反思，还特地为自己开脱，说自己主要是不想纵容臣下揣测、迎合上之好恶，所以经常当面斥责他们的荒谬、矛盾之处，有时反而把他们逼得不敢轻易表态：

> 人才以臣下登对，多窥测人主意，为迎合之说。其不中理者，朕因加诘难，欲使知上意所向背，然亦虑缘此有不敢言事者。❹

元丰六年（1083），神宗接见宰执班子，谈话之间，流露出对如今朝廷缺少可用之人的不满。尚书左丞蒲宗孟连忙上前说：

---

❶ 李焘：《续资治通鉴长编》卷245，熙宁六年六月癸巳。
❷ 李焘：《续资治通鉴长编》卷459，元祐六年六月壬寅。
❸ 李焘：《续资治通鉴长编》卷285，熙宁十年十月乙巳。
❹ 李焘：《续资治通鉴长编》卷273，熙宁九年二月庚申。

"人才半为司马光以邪说坏之。"这显然正是神宗最厌恶的"窥测人主意,为迎合之说"。所以,神宗当即脸色就变了:

> 上不语,正视宗孟,久之。宗孟惧甚,无以为容。

接着,神宗当着所有宰执的面训斥:"蒲宗孟乃不取司马光邪!未论别事,只辞枢密一节,朕自即位以来,唯见此一人。他人则虽迫之使去,亦不肯矣。"此话一出,蒲宗孟羞愧得恨不得找个地缝钻进去。❶其实,神宗对司马光的印象比较矛盾。神宗即位之初,将翰林学士司马光调任御史中丞,不料,君臣二人在内臣、开边、用人等一系列事务上接连产生龃龉,不到5个月,神宗只得又把司马光调回翰林院,去经筵讲学,最后又因为推行新法而听其退隐。神宗认为,此公"忿躁""迂阔",但又"方直"得无可挑剔。❷总归是尊崇其道德、学问和忠心,怀疑其政治判断力。但是,神宗对蒲宗孟这番有些做作的姿态,意在表明:皇帝固然全心支持新法,对反新法的老臣长期闲置不用,即便如此,皇帝的心意也不是臣下可以任意揣摩迎合的,对很多人和事,他有自己的主见和判断,韩非就教过他,"君无见其意,君见其意,臣将自表异"。❸

当然,随着在政治上不断成熟,神宗并不总把别人往死角

---

❶ 杨仲良:《皇宋通鉴长编纪事本末》卷64《王安石专用小人》。
❷ 黄以周等:《续资治通鉴长编拾补》,第31—66页。
❸《韩非子·主道》。

里逼,"群臣进见顾问,或不能对",神宗会顾全体面,主动岔开话题,"辄顾而言他"。❶

神宗的性格既然如此,自然对那些头脑敏锐、口齿伶俐、办事干练的官员(往往是新法派)有本能的好感。这个鲜明的倾向,在他即位第一个月就展露无遗。治平四年(1067),开封知县罗恺入见,神宗询问开封的政事人情,他竟哑口无言,神宗极为不悦;当神宗问起提点开封府界公事陈汝羲,汝羲"应答详敏",圣心大慰。翌日,神宗就宣布:"恺不才,宜复用汝羲代之,仍与馆职。"有人劝谏:"陛下新即位,以言语擢汝义,……恐臣下争以利口求进,乞罢之。"❷神宗没有理他。后来,司马光在经筵上特地选了一篇汉代张释之的故事,来规劝神宗,不能欣赏什么"喋喋利口捷"之徒,这就是《迩英论利口录》(见第五章)。

神宗提拔自己中意的人才,不仅闻其名(别人的称誉),读其文(文章奏疏),还必须听其言,观其行,看看临场应变的能力。这一关,大概谁都绕不过去。王安石就总结:

> 陛下天资聪明,群臣上殿,陛下皆相其材,十得八九,此非特群臣所不可及,载籍以来,亦少及陛下。❸

---

❶ 李焘:《续资治通鉴长编》卷353,熙宁八年三月戊戌。
❷ 李焘:《续资治通鉴长编》卷209,治平四年正月丙辰。
❸ 杨仲良:《皇宋通鉴长编纪事本末》卷59《王安石事迹上》。

神宗对苏轼倾慕已久，但要等亲自召见，才对宰辅下一评语："苏轼奏对明敏，可试也。"[1]王安石的重要助手吕惠卿，神宗对他的第一印象极好，就因为很多官职不高的臣僚，面对神宗，往往畏畏缩缩，手足无措，"小臣上殿，应对仓徨"，但吕惠卿不一样，神宗对王安石大大夸奖："惠卿极从容，盖其中有所蓄。问之不穷，亦不慑。"后来，司马光批评说："惠卿俭巧，非佳士。"神宗很不服气："惠卿应对明敏，亦似美才。"司马光只好回答："惠卿诚有学、辩慧，然用心不端，陛下更徐察之。江充、李训若无才，何以能动人主？"[2]新法派的另一员干将，善于理财的薛向，也是因为"论兵帝所，通畅明决，遂由文俗吏得大用"。[3]必须强调的是，神宗欣赏的"才辩"，首先是一种因为精熟经典、制度和政务而外露的应答应变之才，并非一味阿谀奉承或诙谐幽默，这一点对于理解熙宁政治的气候至关重要。

四、棋逢敌手

在古代历史上，王安石得君之专，神宗委信之深，让曾公亮感慨无限："上与安石如一人，此乃天也！"这一现象是历代

---

[1] 杨仲良：《皇宋通鉴长编纪事本末》卷62《苏轼诗狱》。
[2] 杨仲良：《皇宋通鉴长编纪事本末》卷61《吕惠卿奸邪》。吕中：《类编皇朝大事记讲义》，第297—298页。
[3] 《宋史·薛向传》。

议论的一大焦点。朱熹提出过一种非常独到的解释:

> 问荆公得君之故。曰:"神宗聪明绝人,与群臣说话,往往领略不去;才与介甫说,便有'于吾言无所不说'底意思,所以君臣相得甚欢。"[1]

也就是说,王安石是由于思维敏锐、辩才无碍,与神宗的性格相投,君相才如此亲密无间。朱熹的解释,专就心理上立论,不顾二人在思想和政治目标上的共识,"君相相知,义兼师友,言听计从,了无形迹",[2]自然有失片面。但是,偏颇的真理往往很有启发性。神宗和王安石皆是能言快语之人,大量历史记载显示,变法期间,这对君臣畅谈乃至争辩政事,往往节奏紧促,如短兵相接。

熙宁四年(1071),在王安石支持王韶极力招揽之下,河湟蕃部大酋俞龙珂,终于率部属十二万口归附宋朝。二府共同拟定了对俞龙珂部的安置和封赐措施,向神宗汇报。神宗忽然提出一个循名责实的尖锐问题:

> 上曰:"如何便言举种内属(即全族归附)?"
> 王安石曰:"不知如何不谓之举种内属?"
> 上曰:"须点集(集结动员兵丁)得,方为内属。"

---

[1] 黎靖德编:《朱子语类·本朝四·自熙宁至靖康用人》,第3095页。
[2] 陆佃:《陶山集》卷11《神宗皇帝实录叙论》。

安石曰："不知今欲如何点集？"

上曰："亦须便点阅见户口人数。"

安石曰："羁縻须有渐，如何便令王韶点阅得彼户口人数！"❶

……

不仅在许多关节上，王安石寸步不让，往往还出言不逊，如前面说皇帝"不明于帝王大略""非帝王大体"，等等。神宗怀疑免役法导致地方盗贼增多，王安石嘲讽："不知陛下推行得如何政事，便要百姓皆不为盗贼也！"❷神宗怀疑市易法草案中打击兼并商人的条文没有必要，王安石抗议："若不敢明立法令，但设法相倾，即是纸铺孙家所为。……岂有天下主亦为孙家所为也？"❸

由此可见，司马光说王安石"每议事于人主前，如与朋友争辩于私室"，陆佃说他"论事上前，有所争辩时，辞色皆厉"，都是实情。陈瓘干脆痛骂他竟将皇帝比喻成纸铺孙家，真乃"侮薄君父"！王安石自己向神宗解释，他有时"不顾上下礼节，犯陛下颜色"，并没有恶意，纯粹是"激于事君之义"。❹

---

❶ 李焘：《续资治通鉴长编》卷228，熙宁四年十二月戊辰。

❷ 李焘：《续资治通鉴长编》卷239，熙宁五年十月丙戌，第5809—5810页。

❸ 李焘：《续资治通鉴长编》卷232，熙宁五年四月丙子。纸铺孙家，应该是京城内商铺，但具体语意不明。关于王安石的冒犯与神宗的忍让，更多事例见林鹄：《忧患：边事、党争与北宋政治》，第104—115页。

❹ 李焘：《续资治通鉴长编》卷264，熙宁八年五月丁卯。

王安石咄咄逼人，神宗宽容大度，"荆公之得神祖，可谓千载之一时矣"（朱熹语），前人对此提出过一些解释。不过，从前节的分析看，一个本就以才辩自矜的青年，哪怕贵为天子，在许多他认为重要的议题上，是不会拒挑衅于千里之外的。好比一个寻常喜好骂街的人，遇到几句泼辣的冒犯，大概不会动辄挥拳或抽刀相向，反而觉得这是一种智识上的搦战，感到一阵亢奋。相似的，神宗也从这些争辩中获得了某种难以代替的快意和满足感，甚至乐此不疲。他不是那种内心阴柔忌刻的帝王，他对言辞冒犯的容忍度格外高，很大程度上是因为除了王安石等人，他"与群臣说话，往往领略不去"而倍感苦闷寂寞罢了。

忍让、尊崇也只是事实的一方面，神宗的性格绝非一味退让之人，尤其是羽翼渐丰后。据说，神宗常根据他从私密渠道获得的情报，来质疑外朝行政，王安石不胜烦恼。某日，他干脆挑明："陛下从谁得之？"神宗口风很紧："卿何必问所从来？"王安石幽怨地说："陛下与他人为密，而独隐于臣，岂君臣推心之道乎？"神宗只得透露消息源。不久，王安石根据自己探听到的情报来质问神宗，神宗也问"于谁得之？"王安石不肯说，神宗针锋相对："朕无隐于卿，卿独隐于朕乎？"王安石被迫让步。❶

宋神宗、王安石最著名的交锋，在熙宁八年（1075）：

---

❶ 李焘：《续资治通鉴长编》卷253，熙宁七年五月丙辰。

> 上曰:"闻民间亦颇苦新法。"
> 安石曰:"祁寒暑雨,民犹怨咨,此岂足恤也!"
> 上曰:"岂若并祁寒暑雨之怨亦无邪?"❶

神宗的逻辑是,统治者应该关心政策引发的民怨。王安石的逻辑与之迥异:类似祁寒暑雨(冬天苦寒、夏天湿热)导致的民怨,统治者不必介意。在政治哲学上,这里的关键问题在于什么性质的民怨或民意才值得重视。"祁寒暑雨,民犹怨咨"出自《尚书·君牙》,学者指出,传统注疏认为,祁寒暑雨是"天之常道"而小民仍有怨言,表明统治者要随时关注躁动不安的民意。王安石却认为,不必在意这种情况下的民怨,因为民众目光短浅,并不清楚自身的根本利益。❷ 早在熙宁五年(1072),他就告诉神宗,"祁寒暑雨,人以为怨,而天不为之变"。气候变化确实会造成某些痛苦和损失,但这是"天之所为",唯有如此,庄稼才能成熟。他奉劝皇帝也要这样坚定,"任理而无情"。❸ 这个辩难并不太好反驳,容易陷入争论释经和类比的陷阱(见第七章)。可是,神宗的思维并没有被荆公设定好的框架牵着走,而是直指根本分歧:凡是民怨皆应体恤,然后再狠狠一击:"岂若并祁寒暑雨之怨亦无邪?"何况,让民间连"天道"导致的怨言都没有,岂不正是我们共同的政治

---

❶ 李焘:《续资治通鉴长编》卷270,熙宁八年十一月丙戌。
❷ 刘力耘:《政治与思想语境中的宋代〈尚书〉学》,第89—92页。
❸ 李焘:《续资治通鉴长编》卷236,熙宁五年闰七月辛酉。

理想!？这是古代政治哲学的主流，一国之君要"惨怛于民"，"国有饥者，食不重味；民有寒者，而冬不被裘"，最终达到上下同乐，"国无哀人"的境界。❶

据说，王安石听了一言不发，"退而属疾"。

在反新法派眼中，王安石起初"与人主若朋友，一言不合己志，必面折之，反复诘难，使人主伏弱乃已"；❷在肯定变法的研究者眼中，年轻的神宗总是游移不定，动摇彷徨。这两种看法都不完全准确。尽管政治经验和手腕日渐成熟，神宗的政治性格却没有什么改变，"陛下之断素出于中"，❸只是以不同方式来因应不同的人和局面。从王安石对神宗"强辩"的效果看，确实有不少"上笑""上悦""上大悦""（安石）再三言之，上终不能遏"的记载，❹但在许多重要问题上，"安石又为上辩，上意终不以为然"，❺"安石固执不可，上犹不已"，❻"上终不许"，❼类似的记载也不少。等到王安石二次入相，他自己喟叹："只从得五分时也得也！"

另一条出自王安石自己的证据，揭示了君臣二人的微妙关系。《王安石文集》中有一道札子，涉及他同神宗讨论以民

---

❶《淮南子·主术》。
❷ 马永卿辑：《元城语录解》卷上，第10页。
❸ 李焘：《续资治通鉴长编》卷282，熙宁十年五月丙寅。
❹ 李焘：《续资治通鉴长编》卷224，熙宁四年六月丙寅。
❺ 李焘：《续资治通鉴长编》卷246，熙宁六年八月庚寅。
❻ 李焘：《续资治通鉴长编》卷250，熙宁七年二月丙子。
❼ 李焘：《续资治通鉴长编》卷238，熙宁五年九月己酉。

兵代替募兵，打算参考唐代府兵沿革而进呈《邺侯遗事》（李泌事迹）：

> 臣前日伏奉圣旨，许进《邺侯遗事》。……窃以宇文黑獭之中材，遇倾侧穷困之时，而辅之以区区之苏绰，然其为法，尚有可取。❶<u>伏惟陛下天纵上智卓然之材，全有百年无事万里之中国，欲创业垂统，追尧、舜、三代，在明道制众，运之而已。</u>如李泌所称，岂足道哉！顾求多闻以考古今得失之数，则此书亦或可备省览。谨随札子上进。❷

王安石这道札子的草稿，后来被朱熹的父亲朱松获得。朱熹发现，草稿和定本有一处关键的差异，画线句子原来是这样：

> 陛下天纵上智卓然之材，有百年无事之中国，欲追尧、舜、三代，其势不难。岂宜每事尚或依违，牵制流俗，不能一有所立，以为天下长计，而令任策之臣更以苏绰为愧也？

朱熹觉得，草稿本来"词气激烈，笔势低昂，高视一时，下陋千古"，改完却显得"卑顺容悦"。他推测，王安石恐怕是

---

❶ 宇文黑獭即宇文泰，北周太祖，重用苏绰等人完成改制。
❷ 王安石：《进邺侯遗事札子》，《王安石文集》，第711页。

"自疑其亢厉已甚而抑损之",觉得自己过分高调,故意放低姿态。❶其实,改掉的句子是王安石在争论中最常责备神宗的言辞。朝堂之上,言辞所激,"性气"来了,不妨多顶撞几句,待到退下来写《日录》,也许还觉得今日朝堂上有几句话痛快至极,大可记入"私史"。但是冷静斟酌送给皇帝细看的文字,王安石不能不顾忌皇帝的性格和作风。难怪朱熹感慨,荆公与神宗,君臣之间堪称"千载之一时",却还"低徊若此",可见"君臣之际,功名之会,呜呼难哉!"

叶坦先生评价神宗:"在中国古代的漫长历史上,作为中原王朝的一位皇帝,直接策动、主持和领导全国性规模的大变法,在位之年始终悉心尽力地投入改革大业中者,唯宋神宗一人。"❷作为一个封建帝王,能得到如此评价,算是不易。直到预感命不久矣,病笃的神宗还无法割舍他的富国强兵之梦,接见宰相时屡次念叨:"天下事只做到这里,儿子年小,须得长君继为之","天下事止如此……"❸就是这样一个人,在位19年中,始终力主他和王安石及其追随者认为正确的变法事业,扮演着后者在政治辩论中的天然盟友,从而造就了熙丰政治的某种特殊面貌。

---

❶ 朱熹:《跋王荆公〈进邺侯遗事奏稿〉》,《朱子全书》,第24册,第3903—3904页。朱熹以《熙宁奏对日录》中熙宁二年末神宗与王安石讨论府兵制时提到《邺侯家传》为背景,但从"每事尚或依违"等词句看,实际进《邺侯家传》的日期似应稍晚。
❷ 叶坦:《大变法》,第45页。
❸ 李焘:《续资治通鉴长编》卷352,元丰八年三月甲午。

第三章 政治角力场

一、君臣一日

梅原郁形容宋代台谏和宰执的唇枪舌剑,用过"议会论战"的比喻。❶当然,这只是一个形象的说法,并不会引起误解,让人觉得宋代的中央决策过程和代议制民主有任何本质上的联系。但这个比喻带来一点启示,就是它指向了政治辩论背后的制度因素,而不单是此前讲的个别参与者(皇帝、宰相)。究竟是怎样的制度为参与者的辩才提供了展示的舞台?不妨看看神宗和王安石在熙宁二年秋冬某一日的活动:❷

凌晨4时许(未明前十刻),神宗就从寝殿——福宁殿起床、盥洗、更衣,准备上朝。差不多同一时间,参知政事王安石也从城外寓所出发。此刻,天明尚早,须持灯而行。等宫门打开,

---

❶ 平田茂树:《宋代政治结构研究》,第59页转引。
❷ 以下关于宋代中央日常决策过程的制度框架,主要参考朱瑞熙:《朱瑞熙文集》第二册《中国政治制度通史(第六卷 宋代)》,周佳:《北宋中央日常政务运行研究》,王化雨:《面圣:宋代奏对活动研究》,诸葛忆兵:《宋代宰辅制度研究》,平田茂树:《宋代政治结构研究》,并根据《续资治通鉴长编》《宋史》及笔记等史料补充了熙宁二年的相关细节。

他就随百官进入待漏院，等候上朝。在院内，王安石能遇到宰相曾公亮、陈升之，参政赵抃，枢密使吕公弼、副使文彦博等人，商议几句昨日遗留的或急速的公事。

凌晨6时许，神宗来到福宁殿南边的垂拱殿（前殿）举行早朝。百官在各自的石位上站立恭候，宰相、枢密使以下"要近职事者"和武班，即文臣待制以上、武臣诸司使以上，依次向神宗请安，随后"中书、枢密院、三司、开封府、审刑院及请对官"分班升殿奏事。宰相曾公亮率王安石等人在中书门下班，如有重要事务，还同枢密院合班启奏，他们都拥有最优先且稳定的奏事权。在等候宣引时，中书门下班的宰执们或在殿庐幄幕中最后聚议片刻，然后一同上殿进呈文书，讨论政事，面奉圣旨。

此后，新获得"直前请对权"的台谏官员可以直申阁门，上殿奏事。他们是御史中丞吕公著，侍御史知杂事陈襄，监察御史里行程颢、王子韶、张戬，谏官孙觉、李常等人，发表的几乎全是对新法，特别是青苗法的激烈反对意见，朝寒未尽的前殿中，气氛一时热烈起来。

前殿视朝一般在上午8时许（辰时）结束，负责排班赞导的阁门官员拦下后续班次，留待后殿或次日再引。

此后，在垂拱殿南边的文德殿（正殿），还要举行"常朝"。这只是一种仪式性的朝会，通常仅"不厘务朝臣"赴殿立班，宰相一员押班，神宗不出席，所谓"正衙虽不坐，常参官犹立班，俟放朝乃退"。❶ 宰相在前殿退朝晚，或中书务繁，多不赴

---

❶ 宋敏求：《春明退朝录》卷中，第27页。

文德殿。此外，每月朔望的文德殿"入阁"仪、每五日垂拱殿或紫宸殿的百官"大起居"，基本是虚礼，即将被新的朝参之制取代。❶

上午8时许，神宗从垂拱殿退回福宁殿进食，换上便服衫帽，准备"后殿再坐"，这是视朝的第二阶段。

上午9—13时（巳午），神宗来到福宁殿北边的崇政殿或延和殿（后殿），由军头司、三班院、审官院、流内铨等人事机构引见官员，或接见宦官、走马承受、呈试武艺人、外国使节，并处理一些前殿未了结的事务。

结束前殿早朝后，王安石随宰相退回中书门下（东府），处理本职日常事务，审批公文，接见官员。有时，宰执聚议于政事堂，或赴枢密院南边的"南厅"，和枢密院长贰一同商议重大事务。此时王安石正推行新法，"日为生事"，实际代替宰相主持工作，有不少机构（如置制三司条例司）和官员（如吕惠卿、曾布、李承之等）直接对之负责，通常忙碌到很晚。

下午13—15时（未申），如逢双日，神宗要赴迩英阁参加经筵，由翰林学士司马光、范镇、崇政殿说书吕惠卿等人为他讲读经史，进行儒学教育，风雨无阻。经筵一般在二月至端午、八月至冬至期间举行。这一年讲的经典，是不久前王安石当经筵官时极力推荐的《尚书》。经筵结束后，神宗往往会留坐经筵官，聊一些他关心的其他话题。

---

❶ 元丰改制后新的朝参制度分"日参""六参""望参""朔参"等，详见周佳：《北宋中央日常政务运行研究》，第164—169页。

下午如无经筵，神宗就埋头批阅臣僚章奏，"或日昃不暇食，至两宫遣人趋之"，❶有时连晚饭也不吃，祖母曹后、母亲高后只得派人来催促。进餐期间，他犹不忘"停箸看文字"。❷夜色渐浓，神宗继续在禁中的书房睿思殿内"御灯火，研味经史，博观群书"。❸

入夜之后，宋朝皇帝有在禁中宣召当值的翰林学士、馆阁殿阁文臣和经筵官咨询政事的惯例，神宗时不多见。在不举行视朝的假日、祭祀、丧礼期间，神宗也在内廷中的内东门小殿、天章阁、资政殿等处，临时召见二府宰辅，讨论紧要或机密事务。

以上描述，只是宋代中央日常政务运行过程的一个片断。这一过程，在不同皇帝统治时期不一样，元丰改制前后变化尤其大。不过，贯穿制度的核心精神并没有改变：比之前代，宋代政治中的信息流通、决策过程和监督反馈，具有更多合理性和开放性，官僚士大夫彼此之间，士大夫与皇帝之间，往往有广泛的接触、商议乃至争论的机会。❹这种交流，主要围绕"议"和"对"这两类活动进行。这个二分法稍显粗疏，胜在简明扼要。❺

---

❶ 杨仲良：《皇宋通鉴长编纪事本末》卷81《圣德》。
❷ 李焘：《续资治通鉴长编》卷409，元祐三年四月辛巳。据说，这是高后亲口对苏轼所言："当其饮食，而停箸看文字，则内人必曰：'此苏轼文字也。'神宗每时称曰：'奇才！奇才！'"
❸ 司马光《体要疏》，《司马光集》卷40，第899页。邵博：《邵氏闻见后录》卷21，第195页。
❹ 王化雨：《面圣：宋代奏对活动研究》，第63页。
❺ 平田茂树：《宋代政治结构研究》，第161—189页。

二、"议"

"议"是官员集议,即在重大问题上责成相关官员事先调研商议,拟定意见以供决策。"国朝以来,凡政事有大更革,必集百官议之"。[1]出席集议的官员人数,从百余名到数名不等,有朝堂集议(有皇帝在场或无)、三省集议(尚书集议、中书集议、三省通议)、侍从台谏集议、其他小规模集议(三司、礼部、宰执)几种类型。[2]在尚书省举行的集议,"俟群臣坐定,止令一吏立读,讫取官最高者一人先署名,众人皆即随署",[3]不仅缺少"更相诘难"的实质性环节,还有许多官员托故缺席,最终流于走个过场;相反,业务官员的小型会议——"有司集议",事关财赋、官制、科举、刑法、兵制、河务、宗室等,议题广泛,更加务实有效。[4]神宗、哲宗还设置了一些商议特殊事务的专门机构,如详定礼文所、详定官制所、详定役法所。由此可见"议"在宋代政治过程中的普遍性。

宋代实行宰辅集体领导制,重大政务皆由中书门下或二府大臣,在政事堂或南厅内集体议定,翌日上殿取旨。其他负责官员也有权参与重大决策,面对面诘难宰辅。元祐二年(1087)废除募役法,复行差役,苏轼持不同意见,于是:

---

[1] 徐度:《却扫编》卷中,《全宋笔记》第三编第十册,第135页。
[2] 张仁玺:《宋代集议制度考略》。
[3] 李焘:《续资治通鉴长编》卷23,太平兴国八年六月己酉。
[4] 周佳:《北宋中央日常政务运行研究》,第221—278页。

先与本局（详定役法所）官吏孙永、傅尧俞之流论难反复，次于西府（枢密院）及政事堂中与执政商议，皆不见从，遂上疏极言……❶

这些官员聚议，不乏心平气和、冷静务实的商量，但如遇到特定的参与者或局势，有时也升级成"排陷依违，相激相闹"的僵持局面。❷熙宁二年（1069），王安石入参大政，围绕政策变动的争论开始逐渐升温，司马光就指责，当时的决策讨论纷纭不定，主要是因为有"尚胜者"（指王安石、吕惠卿等人）凭借才辩和气势，"以巧文相攻，辩口相挤，至于再，至于三，互相反复，无有限极。"❸

相似的情形重现于元丰八年（1085），神宗去世后，新旧二党权势相持不下，当时的宰辅"每议一事，则须口舌纷纭而后能决"。❹这还算不错的，更有人形容：

今庙堂之情，极不和谐。近日政事，大段稽壅。每议一事，一人曰可，一人曰否，一与之合，一与之离，有终日不能决一事者。❺

---

❶ 李焘：《续资治通鉴长编》卷394，元祐二年正月庚午。
❷ 李焘：《续资治通鉴长编》卷361，元丰八年十二月己丑。
❸ 司马光：《体要疏》，《司马光集》，第905页。
❹ 李焘：《续资治通鉴长编》卷364，元祐元年正月丙辰。
❺ 李焘：《续资治通鉴长编》卷361，元丰八年十二月甲戌。

再到元祐元年（1086），旧党终于压倒新党，司马光主张一刀切废除募役法，改回差役，朝中又是一片混乱。据说，某日，宰相执政们商议役法时，发生了一次极不愉快的争论：

> 执政聚厅，因议役法。（章）惇诟詈众人，其言乃屠沽之言也。
>
> 有一人对曰："吾辈备员于此，亦宜存体。今纷纷如市井人，若此言传播，亦于君不便。"
>
> 惇面发赤，不言。
>
> 又一人曰："今日且得一'伏辩状'也！"
>
> 其日，有禀事官数人在坐，皆见之。
>
> 庙堂之上，谈议如此，古今所未闻也。毋乃上辱朝廷，而下取轻于士大夫哉！❶

聚厅商议时，章惇气急败坏，脱口而出的"屠沽之言"究竟是什么，且待下一章讨论，这里需要先指出两点：

宋代的"议"是皇帝和宰辅主导的决策方式的一种重要补充，二府以外的更多官员获得了影响顶层政治的机会，充分调动了士大夫参政议政的潜力。❷对皇帝来说，这也是一种保证下情上达、防范壅蔽的良法，正如司马光的总结："各尽臣下

---

❶ 李焘：《续资治通鉴长编》卷369，元祐元年闰二月庚戌。
❷ 周佳：《北宋中央日常政务运行研究》，第222—227页。

之所见，而人主亦不失操柄也。"❶但是，在严重缺乏共识、意见分歧巨大、当事人个性极强或阵营撕裂明显的情况下，看似理性化的决策设计，容易滑向其反面。本来"公心协谋，博极利病，广览详择，务当义理"的"议"，❷就可能迅速恶化为"极诋訾之言，而不折之以至理。平者未一二，而激者居八九。……两下相激，事愈戾而理益不明"。❸这只会进一步加剧政治的极化，使得士大夫群体内部的分歧被高频率、多层次地遭到放大，弥合愈加无望。张居正为相，先上《陈六事疏》，头一条就是"省议论"，要清理明朝"议论太多""多指乱视，多言乱听"的毛病，这是其手腕。❹此外，一旦出现这种政治极化，就愈发依赖强大、独断的皇权。明末好搞集议，遇上崇祯这样害怕承担责任的皇帝，适足以速其亡国。

当然，与本书关系更大、也更有意思的是，前面提到，王安石在同僚中素有"强辩"的口碑：吴奎说他"临事迂阔，且护短"，❺唐介说他"好学而泥古，故论议迂阔"，❻司马光说他"性不晓事，而复执拗"，❼吕诲说他"好执偏见，轻信奸回，喜

---

❶ 李焘：《续资治通鉴长编》卷361，元丰八年十一月丁巳。
❷ 李焘：《续资治通鉴长编》卷408，元祐三年二月丁未。
❸ 陆九渊：《荆国王文公祠堂记》，第233—234页。
❹ 刘志琴：《张居正评传》，第106—116页。
❺ 杨仲良：《皇宋通鉴长编纪事本末》卷59《王安石事迹上》。
❻ 《宋史·唐介传》。
❼ 司马光：《温公手录》卷1，第424页。

人佞己"，❶几乎都是在王安石秉政之前，或秉政之初。王安石自己也觉得很冤，曾经对神宗抱怨，自己刚入朝，还什么都没干呢，"初未曾有施为，吕诲乃便以方卢杞。就令臣所存如杞，亦须有所施为，其罪状明白，乃可比杞……"❷王安石的政治对手早就形成了这种强烈的个人印象，原因何在？且看谣传导致唐介愤懑而死的阿云之狱，朝廷先"令翰林学士司马光、王安石同议。二人议不同，遂各为奏"，又"诏安石与法官集议，反复论难"。❸王安石同他曾经及日后的政治对手，即便同属于一个士人文化交际圈，彼此之间也未必有机会就严肃的政治议题面对面争论，所以，他们往往是通过"议"这类场合，最先获得并强化了对王安石"强辩"性格和行政作风的不良印象。对于后来新法的推行，这显然是个不太美妙的预兆。

三、"对"

如果说，"议"是官僚士大夫内部的议政活动，"对"就是以皇帝为中心的一系列议政活动，分班奏事、请对、召对、入见（谢辞）、转对，等等，都可归入这一范畴。❹学者甚至以为，各种形式的"对"，比"议"更能体现北宋政治的特色：

---

❶《宋史·吕诲传》。
❷ 李焘：《续资治通鉴长编》卷234，熙宁五年六月辛未。
❸《宋史·刑法志三》。
❹ 王化雨：《面圣：宋代奏对活动研究》，第41—62页。李全德：《信息与权力：宋代的文书行政》，第21—40页。

所谓宰辅宣召，侍从论思，经筵留身，翰苑夜对，二史直前，群臣召归，百官转对轮对，监司帅守见辞，三馆封章，小臣特引，臣民扣匦，太学生伏阙，外臣附驿，京局发马递铺，盖无一日而不可对，无一人而不可言。所以同人心而观已德，共天命而救时几也。❶

与"议"的基本精神一致，宋代并不鼓励大臣独对皇帝。中书门下的上殿人员通常是复数，正、副宰相一同上殿。元丰改制以三省取代中书门下，神宗"临御岁久，事多亲决"，三省长贰分班奏事。元祐更化后，三省又逐渐合班。除了非单独启奏不可的密事，宰辅一般不请求留身。至于枢密院，本来与中书门下分班，仁宗时正式确立了合班奏事制度，以使军政、民政充分协调沟通。神宗时，两府先合班进奏，再分班面奏，后来合班的情况日少。除了宰辅，在京各司官员通常也是长官携僚属一起上殿。神宗时，还特别批准一些官阶不高但负责新法的官员上殿奏事，当时便出现了"有脚者皆得升殿"的嘲讽。❷

尽管制度规定，面奏之前要通过"议"获取一致意见，复数的宰辅和官员面对皇帝，不可避免会出现"临事异同"，各

---

❶ 魏了翁：《鹤山集》卷18，转引自平田茂树等编：《宋代社会的空间与交流》，第61页。
❷ 王化雨：《面圣：宋代奏对活动研究》，第41—50页，第178—204页。

执己见，乃至忿然相争的情形。❶欧阳修的后人描述欧阳修在中央高层的政治活动时说：

> 每诸公聚议，事有未可，公未尝不力争。……或奏事上前，众议未合，公亦往返折难，无所顾避。❷

可见，不仅"议"未必能获得一致意见，到了"对"的阶段，分歧和争辩可能仍然很厉害。午后经筵，本来讲究从容坐而论道，也由于侍讲、侍读们畅所欲言，"每问事，则众人齐对，颇纷纭"。❸王安石推行新法时期，经筵甚至成了朝堂的政治斗争在禁中延续的第二战场（见第四章）。

大臣在皇帝跟前唇枪舌剑，以至失态，只要不太过分，就是皇帝乐于看到的"异论相搅"。❹太宗时，参知政事苏易简、赵昌言"有隙，多忿争上前，太宗颇优容之"。❺仁宗时，宰相贾昌朝、参知政事吴育"数争议上前，殿中皆失色，育论辩不已"。仁宗不胜烦扰，只得将他调到枢密院任职，减少二人见

---

❶ 宋代的廷争，见朱瑞熙：《朱瑞熙文集》第二册《中国政治制度通史（第六卷 宋代）》，第162—165页。
❷ 欧阳发：《先公事迹》，《欧阳修集编年笺注》第8册，附录，第566—567页。
❸ 范镇：《东斋记事》卷1，第9页。
❹ 王化雨：《面圣：宋代奏对活动研究》，第258—263页。
❺ 王瑞来：《宋宰辅编年录校补》第1册，第73页。

第三章 政治角力场 / 099

面吵架的机会。❶熙宁七年（1074），曾布、吕惠卿，这两个王安石手下口才最好的官员，不断找神宗争论市易法的利弊，"凡三五日一对"，大概唯有神宗这样精力过剩的皇帝才能消受得了。曾、吕二人吵得太凶，神宗就出来圆场，善意提醒一下曾布："惠卿不免共事，不可与之喧争，于朝廷观听为失体。"❷

大臣当着皇帝的面激烈争辩，往往也得到宋代士大夫风气的激励，视为一种当然之权利。尽管在"圣上"面前公然驳斥同僚甚至长官，必然引发官员内部关系的紧张，但出于种种立场和现实利益的考虑，愿意发声者并不稀见。元丰五年（1082），神宗打算提拔亲信宦官李宪当边帅，加节度使。副宰相尚书右丞王安礼（安石之弟）指出，宦官没有任节度使的先例，坚决反对。不料，另一名副宰相，尚书左丞蒲宗孟上前力挺皇帝："陛下擢材，无所不可。"王安礼先是大吃一惊，十分生气："宗孟他日未尝言，而今乃及此，臣不识所谓！"退下来，二人脚刚迈出殿门，就几乎大吵了一架。王安礼怪罪同僚非但不配合，还乱讲话：

> 既退，安礼毅然谓宗孟曰："孰遣君出声？几乱朝

---

❶ 李焘：《续资治通鉴长编》卷159，庆历六年七月癸酉。以上例子，见诸葛忆兵：《宋代宰辅制度研究》，第237—238页。南宋的廷争，如李光与秦桧，见寺地遵，《南宋初期政治史研究》，第167页。
❷ 李焘：《续资治通鉴长编》卷252，熙宁七年四月甲申。杨仲良：《皇宋通鉴长编纪事本末》卷61《吕惠卿奸邪》。

廷事!"

宗孟恚曰:"上使宗孟与政,今顾弗得言?明日,廷辩之!"

安礼曰:"君等足与为治乎?第言之,祇为谀耳!"

宗孟惭,卒不敢辩。❶

有一些平素沉稳厚重的大臣,朝廷辩论表现得不够活跃,还会受到友军的勉励。元祐元年(1086),正值新旧势力交替的窗口期,司马光就极力敦促宰相吕公著,在面对二宫时要站稳立场,积极发声,一是为了以毕生所学,致君行道:

晦叔(吕公著字)自结发志学,仕而行之,端方忠厚,天下仰服。垂老乃得秉国政,平生所蕴,不施于今日,将何俟乎?

更关键的是要给反新法的势力撑腰,以免敌人翻盘成功:

比日以来,物论(舆论)颇讥晦叔慎嘿太过。若此际复不廷争,事蹉跌,则入彼朋矣!❷

---

❶ 李焘:《续资治通鉴长编》卷331,元丰五年十一月乙未。
❷ 司马光:《与吕晦叔简》,《司马光集》,第1319—1320页。

四、墨汁，还是唾沫？

东京城北边的开宝寺有一座舍利塔，宋真宗赐名"灵感塔"。庆历四年（1044）夏，灵感塔遭了一场天火。灾后，塔下埋藏的舍利完好无损，仿佛真有什么灵应，被迎请到宫中瞻仰，仁宗还打算重建此塔。谏官余靖闻讯赶来，极力反对。这时正值盛暑，君臣大概皆身着便服，坐于偏殿。据传王安石长期不洗沐，面圣时有虱子从衣领爬到胡须上，余靖似乎也是同道中人：

> 时盛暑，靖对上极言。靖素不修饰，上入内云："被一汗臭汉熏杀，喷唾在吾面上。"❶

宋人记下或编出这段逸闻，希望表现仁宗"优容谏臣"，对谏官的失仪甚至冒渎不甚在意。晚近的制度史家也许会强调，这说明宋代政治过程中皇帝和官僚面对面交流的普遍性。我们则进一步强调官僚对皇帝"说话"的行为本身。这一行为不仅是表达意见，也包括说话时的心态、姿势、目光、音高、语调、气息、距离……这些属于行为本身的要素，都还未纳入历史学的分析视野。

学者指出，君主听政、臣僚奏对、集议和文书，是宋代中

---

❶ 李焘：《续资治通鉴长编》卷150，庆历四年六月丁未。

央日常政务的四大关键活动；[1]也有人总结，北宋皇帝和宰辅之间的交流，以"对"即面对面奏对为主，到了南宋，却以"御笔手诏"即文书交流为主。[2]尽管这个结论未必准确，却凸显了两个最关键的因素。如果把宋代的政治过程比作一架持续进行再生产的机器，那么，承载信息的文书和说话，或者说墨汁和唾沫，就是喂养机器的两种基础的投入要素（input factor），堪比实际生产中的劳动力—资本这对要素。

就本书而言，所谓"文书"，首先指臣僚章奏，经由进奏院、阁门司、通进银台司或入内内侍省呈交给皇帝，皇帝批示给宰辅处理，常在视朝时面议；其次指上殿札子（奏札），札子比章奏简便速达，通常呈交二份，"可行者一留中，一付有司，否者俱留不报"。[3]"文书"当然也包括君主的制诏、敕指、内降、内批、御笔，宰相的堂帖、省札，其他臣僚的表状、奏报，士民的上书……总之，君主-官僚机构中的一切上行、下行、平行文书，乃至各类私书、邸报、小报等。所谓"说话"则涵盖更广泛，皇帝的玉音，臣僚的口陈、宣读、杂议、争辩……总之，就是"议"和"对"中的一切口头交流行为。

在宋代政治过程中，文书和说话，有着各自特殊的地位和功能，往往互相配合。

"议"，看似以说话为主，但官员集议政事，事先要参考

---

[1] 周佳：《北宋中央日常政务运行研究》，第6—9页。
[2] 平田茂树：《宋代政治结构研究》，第189页。
[3] 王化雨：《面圣：宋代奏对活动研究》，第33—41页。

"所议文案",事后要"取幅纸书所议事"并挨次署名,形成议状上报,留痕管理做得十分完备。❶王安石文集中的《看详杂议》,就是他任翰林学士时,某日"至中书,曾公亮传圣旨,以《杂议》一卷付臣看详"的文字成果。他先逐条罗列"议曰"(主要是一些关于职官、考课的零星意见),这就是他拿到的"所议文案",然后将自己的看法写在"臣某曰"之下,个别条目就直接说"臣未知其详""臣不深知其利害,不敢有言"云云,这属于正式集议前的准备工作。❷集议之后,如果难以达成一致,或存在坚持异议的少数派,大都可以"各具札子奏闻"。❸

同样,在"对"中,文书和说话也各司其职。皇帝坐殿视朝时,臣僚上殿以宣读自己事先写好的札子为主,也回答皇帝的询问或主动做出进一步解释。元祐二年(1087)正月,高后垂帘主政,台谏官王岩叟、傅尧俞等人攻击苏轼借馆职考试命题之机讥刺先帝(仁宗、神宗)。二人先展读了一封奏札:

> 尧俞既读札子竟,太皇太后曰:"此小事,不消得如此,且休!"
> 对曰:"此虽数句言语,缘系朝廷大体,不是小事,须合理会。"

---

❶ 周佳:《北宋中央日常政务运行研究》,第229—262页。
❷ 王安石:《看详杂议》,《王安石文集》,第1804页。
❸ 李焘:《续资治通鉴长编》卷361,元丰八年十一月丁巳。

（高后）又曰："苏轼不是讥讽祖宗。"

对曰："若是讥讽祖宗，则罪当死，臣等不止如此论列。……"（此处省略353字）

（高后）乃曰："言事官有党！此朱光庭私意，卿等党光庭耳。光庭未言时，何故不言？"

皆对曰："有一人论之，且观朝廷行不行。中间或有差失，方当继言。昨朱光庭初言，朝廷有放罪指挥，则是朝廷行遣得正，自不须言。后见反汗，又是非颠倒，臣等方各论奏。"

岩叟因于袖中取轼所撰策题，就帘前指陈。未终，（高后）帘中忽厉声曰："更不须看文字也！"

岩叟又进读札子，帘中极不以为然。

尧俞曰："如此，是太皇太后主张苏轼。"

（王岩叟）又厉声曰："太皇太后何故主张苏轼，又不是太皇太后亲戚也！"[1]

……

不过，殿上奏对，往往受时间限制，奏札若写得太长，甚至难以卒读，遑论同皇帝深入交流。[2] 即便是皇帝和宰辅，在

---

[1] 李焘：《续资治通鉴长编》卷394，元祐二年正月辛未。
[2] 南宋规定，臣僚奏对"不得过三札"，也就是三页纸的篇幅，以免浪费时间，见王化雨：《面圣：宋代奏对活动研究》，第35页。

殿上的交流也不免局促。❶朱熹就抱怨：

> 如今莫说教宰执坐，奏对之时，顷刻即退。文字怀于袖间，只说得几句，便将文字对上宣读过，那得仔细指点！且说无坐位，也须有个案子，令开展在上，指画利害，上亦知得仔细。今顷刻便退，君臣如何得同心理会事！❷

于是，视朝时未能处理完毕的重要事务，允许官员再入札子，或再找机会口陈："敷陈未尽，令实封进内；或须面对，令后殿再引。"❸视朝活动之外，高级臣僚还有"经筵问答""禁中夜对"这类和皇帝从容坐而论道的机会。这些活动以说话为主，但也不是没有时间限制，同样需要文书的辅助和补充。最典型的例子，王安石虽然擅长口辩，号称"议论人主之前，贯穿经史今古，不可穷诘"，但在政治辩论中，他仍然会精心做功课，准备文字材料：

> 王荆公为宰相，每与百官争一事，皆亲书细字，至数十札子犹不已。❹

---

❶ 平田茂树：《宋代政治结构研究》，第314—316页。王化雨：《面圣：宋代奏对活动研究》，第264—265页。
❷ 黎靖德编：《朱子语类·本朝二·法制》，第3068页。
❸ 《宋会要辑稿》仪制六之一二。
❹ 施德操：《北窗炙輠录》卷下。

熙宁元年（1068），王安石身为翰林学士提交的《论孙觉令吏人写章疏札子》，就是由于"今日口对未能详悉，故谨具札子以闻"。❶他的另一名篇《本朝百年无事札子》，也是出于回答神宗的询问——本朝何以"享国百年，天下无事"，然而"迫于日暑，不敢久留，语不及悉，遂辞而退"，事后才上书详细阐述自己的想法。❷

在两宋制度史研究中，文书研究如今备受关注，十分厚重。在日常行政中，文书流通的重要性毋庸置疑。不过，在许多特定的决策过程中，提交文书，甚至宣读文书，实际上都无法代替面对面的口头交流。决策的层级极高（中枢）或极低（个体）时，这种趋势更明显。人们期待，口头交流能产生更大的说服力和压迫感，传达文字无法表现的情感、态度。熙宁三年（1070），程颢因为攻击新法而被排斥出中央。他最后请求面见神宗，神宗问他，有没有札子或奏章进呈？这位大哲学家的回答听起来有些幽怨：

今咫尺天颜，尚不能少回天意，文字复何用？❸

又如，新法推行之初，司马光屡次表示强烈反对，王安石"惟恐上闻光言而悦"，担心神宗被司马光说服，据说，每当司

---

❶ 王安石：《论孙觉令吏人写章疏札子》，《王安石文集·集外文》，第1773页。
❷ 王安石：《本朝百年无事札子》，《王安石文集》，第695页。
❸ 黄以周等：《续资治通鉴长编拾补》，第348页。

马光要独对神宗,他就预先做好应对和反击的铺垫:

> 光每因事请对,或上召光,已立下殿,安石必以条例司先光而进其所陈,皆所以沮难光者。光有所言,上酬答,皆安石之言,如对严敌。❶

这很可能是林希等人对司马光的溢美之词,但可见口头交流的重要意义。元祐元年(1086),谏官孙觉弹劾宰相韩缜,自称"略数愚臣所闻所见者凡十有二,实封而上进者八九,登殿而口陈者再"。另一位谏官王汾,则由于"口吃滑稽",被判定"不任谏职"而罢官。❷

此外,口头交流还一定程度上能规避"留痕管理",具有更大的私密性。尽管皇权强调,重大政事"当形章疏,明论曲直,岂但口陈",官僚士大夫仍然坚持,"自来大臣造膝密论,亦未尝须有章疏","执政大臣参预国论,其于论议臧否人物,不必一一具述文字,但顾所言当与不当,推而行之,人心服与不服尔!"❸

总之,北宋政治制度中最重要的设计——"议"和"对",已经为能言善辩之人充分施展才华搭建好了现成的舞台。我们

---

❶ 杨仲良:《皇宋通鉴长编纪事本末》卷68《青苗法上》。
❷ 李焘:《续资治通鉴长编》卷373,元祐元年三月丙戌;卷419,元祐三年闰十二月己未。
❸ 李焘:《续资治通鉴长编》卷403,元祐二年七月壬戌、甲子。

原先把文书和说话比作投入政治机器的两大生产要素,其实,不只如此,说话还像是让这架机器高速运转的润滑油,弥散的、透明的(往往不被史书记录)、无处不在的,有时还是政治决策天平上的一块关键砝码,承担了文书无法替代的政治功能。接下来就可以看到,王安石——不仅是王安石本人,还有王安石集团——恰在这一点上拥有巨大的优势。

第四章 辩手如林

一、"熙宁点将录"

回到前一章开头那个"议会论战"的比喻。如果说，至此已经出现了维持秩序、敲槌子、拉偏架的"议长"宋神宗，新党的"议会领袖"王安石，那么，还缺在他身后就座的新党"议员团"。这一派在熙丰政治舞台上的得势，从某种意义上，就是人（神宗和王安石）、制度（议和对）、政策（新法）共同激励的结果。当然，在新法派看来，这是正向淘汰；在反新法派看来，这是逆向淘汰的结果，是小人道长，君子道消。

熙宁五年（1072），王岩叟用辛辣的笔调为王安石集团勾勒了一幅讽刺漫画：

> 安石不以腹心事陛下，自求死党，据满要津：
> 司农曰（曾）布，强悍而险刻。
> 中丞曰（邓）绾，善柔而阴谗。
> 曰（薛）向，剥下附上。

曰（沈）起，狠深。

曰（韩）绛，苟佞。

曰（陈）绎、曰（张）琥，险回忮忌。

曰（李）定、曰（常）秩，藏奸包慝。

曰（唐）坰、曰（蔡）确，狂诞轻狡。

曰（章）惇、曰（许）将，阿谀辩巧。

曰宦官（程）昉，暴横凶忍，荼毒一方，威焰所向，人莫敢指。

曰唯（吕）惠卿，奸邪之才，又冠其党。……

其下蜮狐山鬼，夜号窟居，以恐动人者，处处皆是。❶

在王岩叟笔下，荆公党羽仿佛百鬼夜行，丑态各异。这份"点将录"式的漫画，不仅过甚其辞，乃至凭虚捏造，带有强烈的政治偏见。梁任公则以为，荆公用人交友，"贤才太半，不肖者仅十之二三"，❷ 又似矫枉过正。

刘子健先生认为，王安石手下的人，以"干才"居多，但缺乏政治理想。他不满于"君子-小人"的道德性标签，将北宋晚期的官僚群体分作四个大类，每类又有若干亚型（见表1）：

---

❶ 王岩叟：《上神宗论安石》，《宋朝诸臣奏议》卷116，第1270页。
❷ 梁启超：《王安石传》，第235页。

表1 北宋晚期官僚类型[1]

a. 理念类	b. 仕进类	c. 渎职类
a1 德治型 （司马光、程颐）	b1 因循型 （绝大多数）	c1 贪污型
a2 治术型 （苏轼、苏辙）		
a3 改制型 （王安石）	b2 干才型 （吕惠卿、曾布、章惇）	c2 弄权型 （蔡京）

所谓"干才型"，通常具备五个基本特征：行政能力强、善用手腕、擅长案牍、善论辩、有相当学力。王安石倚仗推行新法的许多得力官员，就属于干才型：

> 王安石喜用干才型。在创行新法时，大目标集中在推行改制的理想，干才还是干才。到了新法已行，政治理想的因素不免减低，有的干才就转移目标趋于弄权。旧党批评王安石引用小人，也有相当理由，要点实即在此动态的变化。[2]

---

[1] 表格根据刘子健：《王安石、曾布与北宋晚期官僚的类型》文内的表格与论述重绘。
[2] 刘子健：《王安石、曾布与北宋晚期官僚的类型》，《两宋史研究汇编》，第117—142页。

新法派官员确有许多共同点：年轻气盛，有野心，思维敏锐，善于应变，等等。[1]关键是，其中不少人和王安石一样——善于辩论。研究王安石集团的全体成员远超出本书范围，即便是其中的代表人物，也因为不少人的政治生命很长，延伸至哲宗、徽宗朝，这里无法一一交代。本章的焦点，是新法派干将在熙丰、元祐时期的表现，特别就刘先生指出的"善论辩"特征，做一些深入探讨。

二、吕惠卿

吕惠卿（1031—1111），字吉甫，出身南方小官之家，嘉祐二年（1057）进士。欧阳修誉之为"端雅之士"，推荐给仁宗。[2]他同王安石切磋经义，见解多合，由此定交。熙宁初年，王安石推行新法，"事无大小必谋之，凡所建请章奏，皆出其笔"，[3]他先后担任崇政殿说书（神宗的经筵官）、判司农寺（推行新法的总部）、判国子监、翰林学士、参知政事等要职。王安石第一次罢相期间，吕惠卿继续主持变法，时称"护法善神"。荆公再入相，二人发生了一系列政策、人事、经术的龃龉，终

---

[1] 可从年龄、地域、家世、官职等角度对新法派展开分析，如他们的年龄结构明显年轻化，代表人物平均年龄40.9岁，比反新法派的平均年龄小15岁，等等，见仲伟民：《宋神宗》，第97—103页。
[2] 欧阳修：《举刘攽吕惠卿充馆职札子》，《欧阳修集编年笺注》第6册，第459页。
[3] 《宋史·吕惠卿传》。

至决裂。❶

后来,王安石追忆,变法之初,"同朝纷纷,公独助我",❷可见吕惠卿在变法中举足轻重的角色。对于吕惠卿,反新法派十分憎恶。在王岩叟的点将录里,他是"奸邪之才,又冠其党"。还有人揭发,吕惠卿是王安石的军师(谋主),二人的分工是"安石恃强辩以荧惑于前,惠卿画诡谋以阴助于后"。❸

其实,吕惠卿不仅学问博洽,精于吏事,还善辩多才。他讲话讲到兴奋处,喜欢打手势,"以双手指画"。❹神宗好诘难臣下,而惠卿"进对明辨",自然受青睐。❺所以,在反新法派眼中,比幕后出谋划策更加危险的,其实是吕惠卿的口才。

在熙宁初的新法大辩论中,吕惠卿的主要功绩,据说有两件:

> 面折马光于讲筵,廷辩韩琦之奏章。❻

讲筵就是午后经筵。其实,吕惠卿刚进入经筵,就遭到了反新法派的强烈抵制。监察御史里行张戬反对:"吕惠卿刻薄

---

❶ 关于吕惠卿事迹与评价,见吕一燃:《吕惠卿与王安石变法》;周宝珠:《略论吕惠卿》。
❷ 王安石:《答吕吉甫书》,《王安石文集》,第1272页。
❸ 李焘:《续资治通鉴长编》卷210,熙宁三年四月癸未。
❹ 胡仔:《苕溪渔隐丛话》前集卷55,第378页。
❺ 《宋史·吕惠卿传》。
❻ 陆游:《老学庵笔记》卷8,第104页。

辩给，假经术以文奸言，岂宜劝讲君侧？"❶显然，他们不愿让这么个伶俐的人掌握影响皇帝的重要渠道。

熙宁二年（1069）十一月十七日，反新法派的领袖，翰林学士兼侍读司马光为神宗讲读《通鉴》。讲到汉初"萧规曹随"的故事时，他趁机规劝皇帝：不要贸然变更祖宗之法，《尚书》言"无作聪明，乱旧章"，否则，必如汉武帝改高帝法，元帝改宣帝法，导致西汉衰亡。❷十九日，轮到吕惠卿为神宗讲读《尚书》。讲完《咸有一德》篇，吕惠卿补充："前日司马光言，汉守萧何之法则治，变之则乱。臣窃以为不然。"先王之法，有随时而变，也有百世不变，不能一概而论。汉初诸帝何尝没有变更萧何律令？汉朝的衰落同是否变法没有直接联系，"夫以弊则必变，安得坐视其弊而不变耶？"他批评司马光别有用心：

> 光之措意，盖不徒然。必以国家近日多更张旧政，因此规讽。又以臣制置三司条例，及看详中书条例，故发此论也。

神宗转身对司马光说："卿闻惠卿之言乎？惠卿之言如何？"司马光承认，吕惠卿解释汉初历史有道理，但自己批评的是"无是无非，一皆变之，以示聪明"式的瞎改革。他说，"本实无意讥惠卿"，就事论事，变法不是上策。说着说着，司

---

❶《宋史·张戬传》。
❷ 司马光：《温公手录》卷1，第426—427页。

马光愤然发出一连串质问:

> 三司使掌天下之财,不才而黜可也,不可使两府侵其事。今为制置三司条例司,何也?
> 宰相以道佐人主,尚焉用例?
> 苟用例,则胥吏足矣。今为看详条例司,何也? ❶

吕惠卿不好一一解释,干脆也转移话题,指责司马光:汝身为侍从,"见朝廷事有未便,即当论列",此前为何不提意见?"有言责者,不得其言则去",岂能栈恋权位!司马光一百个不服:我如何不曾论列?不久前才应诏上疏,"指陈当今得失,如制置条例司之类,尽在其中,未审得达圣听否?"神宗点头,确有此事。司马光有些激动:"至于言不用而不去,此则实是臣之罪也!惠卿责臣,实当其罪,臣不敢逃!"神宗只好打圆场:"相与讲是非耳,何至乃尔?"翰林承旨(长官)王珪吓得赶忙上前,向司马光使眼色,示意他快退下。

讲读结束,神宗又留下经筵官促膝密谈。他先问:"朝廷每更一事,举朝士大夫汹汹,皆以为不可,又不能指明其不便者,果何事也?"司马光应声回答:"近闻朝廷散青苗钱,兹事非便。"富人都能趁青黄不接时放贷剥削穷人,何况官府动用公权力放贷催贷?恐民不聊生!大家又对质了一番:

---

❶ 三司条例司、看详条例司都是为制定新法而设立的新机构和新职位。

吕惠卿:"光不知此事。彼富室为之,则害民;今县官为之,乃可以利民也。昨者,青苗钱令民愿取者则与之,不愿者不强也!"

司马光:"愚民知取债之利,不知还债之害。非独县官不强,富民亦不强也。臣闻作法于凉,其弊犹贪;作法于贪,其弊若何?"

神宗:"陕西行之久矣,民不以为病也。"

司马光:"臣陕西人也,见其病,不见其利。朝廷初不许也,有司尚能以病民,况今立法许之乎?"

吕惠卿:"光所言,皆吏不得人,故为民害耳!"

司马光:"如惠卿言,乃臣前日所谓'有治人而无治法也'!"

接下来,君臣又聊了聊军粮、漕运等话题,直至傍晚才各自散去。❶

吕惠卿和司马光的经筵交锋,显然不止一次。《咸有一德》篇的经筵问答,保存得相对详细,大概因为有司马光自己的记录。南宋诸史互有详略,也都是以温公的视角,凝缩了长达小时的争论中新旧两党的几个典型分歧(见第六、第七、第八

---

❶ 这段经筵对质,根据司马光:《温公手录》卷1《吕惠卿讲〈咸有一德〉录》,第428—433页;黄以周等:《续资治通鉴长编拾补》第260—265页所引《皇宋通鉴长编纪事本末》《东都事略·司马光传》《宋朝事实类苑》等史料综合取舍而成。

章)。这种性质的记录,绝不会展现吕惠卿"面折马光于讲筵"的高光时刻;不过,司马光显然没能占据明显上风,也能说明一点问题。反新法派还编造了经筵结束后二人截然不同的反应,凸显司马光的长者风度:

> 既罢讲,君实(司马光)气貌愈温粹,而吉甫(吕惠卿)怒气拂膺,移时尚不能言。人言:"一个陕西人,一个福建子,怎生厮合得着?"❶

事实上,在口角中吃亏憋闷的,很可能是"司马牛"。❷ 散场时,神宗仿佛察觉这位年逾花甲的老臣脸色一直不太好看,有点过意不去,特意照拂了一句:"卿得毋以惠卿之言不乐乎?"司马光连忙回答:"不敢。"❸

吕惠卿另一场著名的政治辩论,"廷辩韩琦之奏章",在熙宁三年(1070)三月左右,也与青苗法有关。❹ 当时反对新法的人不少,只有韩琦的奏章结合了他对青苗法制度设计

---

❶ 佚名:《道山清话》,《全宋笔记》第二编第一册,第110—111页。
❷ "司马牛"据说是元祐初苏轼在同司马光激辩役法后给他取的绰号。
❸ 苏轼:《司马温公行状》,《苏轼文集》,第486页。司马光:《温公手录》,第433页,记载的版本小异:"上复谓光曰:'卿勿以吕惠卿言遂不慰意'。光曰:'不敢。'"
❹ 以"制置三司条例司"的名义对韩琦奏疏的逐条反驳,见韩琦:《上神宗论条例司画一申明青苗事》,《宋朝诸臣奏议》卷112,第1219—1220页。

的质疑、对《周礼》经义的不同阐释、对地方上新法实施情况的分析，有理有据，连王安石也不得不承认："章疏惟韩琦有可辩，余人绝不尽理，不必辩也。"❶元祐初，苏辙回顾当年的形势说，韩琦上奏，极言新法弊端，神宗大感悟，王安石"逞遽自失，亦累表乞退"，眼看反新法派就要胜利翻盘，可没想到：

> 惠卿方为小官，自知失势，上章乞对，力进邪说，荧惑圣听，巧回天意。……肆其伪辩，破难琦说。仍为安石画劫持上下之策，大率多用刑狱以震动天下。自是诤臣吞声，有识丧气，而天下靡然矣！❷

在这套叙事里，吕惠卿利用"对"，几乎凭借辩才，就令反新法派功败垂成。他付出的代价，就是被政敌视为"强辩"的王安石第二："天资凶险，其辩诈如少正卯，其奸邪如卢杞"，❸"怀张汤之辩诈，兼卢杞之奸凶"，❹"奸言足以鼓扇群小，险横足以胁持上下"❺……

---

❶ 黄以周等：《续资治通鉴长编拾补》，第334页。
❷ 李焘：《续资治通鉴长编》卷378，元祐元年五月乙亥。
❸ 李焘：《续资治通鉴长编》卷379，元祐元年六月甲午。
❹ 李焘：《续资治通鉴长编》卷378，元祐元年五月乙亥。
❺ 李焘：《续资治通鉴长编》卷405，元祐二年九月辛酉。

三、"惇七"

章惇（1035—1105），字子厚，福建人，嘉祐四年（1059）进士。熙宁三年（1070），王安石手下的青年官员李承之向王安石推荐了章惇。荆公身无嗜欲，如苦行头陀，章惇却豪俊任侠，反差极大。所以，王安石"闻惇大无行"，对他第一印象不佳。待二人相见，"惇素辩，又善迎合。介甫大喜，恨得之晚"。[1]如果这个故事有几分真实，那么，把章惇和新法派联系起来的机缘，正是"辩论"。口才或许不是章惇身上被王安石看重的唯一品质，至少是很重要的一种。

章惇成为新法派官员后，仕途几起几落，历任编修三司条例、中书检正官，又出外经略荆湖地区的少数民族。回朝后任知制诰、直学士院、判军器监和三司使。元丰年间，他历翰苑、台谏，一直升到副宰相（参知政事、门下侍郎）。元祐更化，章惇毅然反对尽废新法，遭排挤流放。哲宗亲政后，他又一度独相，力主"绍述"，恢复新法，打击元祐旧臣。章惇漫长的政治生命，要到崇宁四年（1105）才结束。正是他，在哲宗死后坚持："以年，则申王长；以礼律，则同母之弟简王当立"，反正，"端王"不当立，此人"轻佻，不可以君天下"。端王，就

---

[1] 邵伯温：《邵氏闻见录》卷13，第143页。李焘：《续资治通鉴长编》卷221，熙宁四年三月丁亥。

是后来的宋徽宗。❶

不要忘了，虽然"干才型"官员口才都不错，在王岩叟的"黑名单"里，只有章惇和许将二人被挑出来，贴上"阿谀辩巧"的人设标签。章惇的智商据说远超常人，"敏识加人数等"，❷而在政治辩论中，他展现出的敏锐、直率和煽动性，更让反新法派忌惮万分。他们喋喋不休地贬低和攻击章惇："辨慧果敢，似乎有才者，然此正小人之才也"、"利口喋喋，足以变事实而惑主听；凶气焰焰，足以摧善良而胁群下"（刘挚），❸"执强好胜，不恤事情，以奸言摇正论，以险语劫善人"（王岩叟），"素来轻易多言……肆为辩说，沮抑圣意"（朱光庭）。❹王岩叟还苦口婆心地告诫太皇太后高氏和哲宗，万万不能放任此人留在朝中：

> 章惇以小人之行，居大臣之位，奸言利口，足以变乱白黑，颠倒是非。久在陛下左右，恐日往月来，察之难，防之难，制之又难。❺

---

❶ 关于章惇，见喻朝刚：《章惇论》；陈玉洁：《试论章惇》；黄锦君：《章惇传论》；陈钰：《论宋元时期章惇形象的历史书写》。李济民、崔文彬也有一些研究，兹不赘举。
❷《宋史·章惇传》。
❸ 李焘：《续资治通鉴长编》卷369，元祐元年闰二月癸卯。
❹ 李焘：《续资治通鉴长编》卷363，元丰八年十二月丙子。
❺ 李焘：《续资治通鉴长编》卷369，元祐元年闰二月庚戌。

王安石主持变法时期，章惇在政治辩论中扮演过何种角色，记载不多。但是，元丰八年（1085）三月，神宗逝世后，反新法势力东山再起。司马光自洛阳入朝奔丧，据传民众拜伏马前，呼喊："公无归洛，留相天子，活百姓！"以司马光、吕公著为首的大批反新法派迅速回归，并同蔡确、章惇、韩缜等新法派大臣，围绕新法（特别是青苗、免役和保甲三大法）的废罢发生了激烈斗争。到元祐元年（1086）四月，反新法势力全面奠定胜局，新法派要员悉数出局，新法太半废除。

两派最激烈也是决定性的一场斗争，围绕免役法进行。❶枢密院长官章惇在这场算是他的熙丰政治告别演出中，给了司马光和反新法派一记猝不及防的重击。

元祐元年正月二十二日，深感"大害不除，吾死不瞑目"的司马光，带病呈交了一道札子。他总结免役法有"五害"，请求停止征收免役钱，恢复差役，并提出：一、按照熙宁元年以前旧法人数，五等定差；二、基层实施过程中如有疑问，限五日上报。二月三日，太皇太后高氏将札子批降给宰辅讨论；五日，三省会同枢密院聚厅商议。六日，三省、枢密一同面圣，得到"依奏"的批准；七日，正式颁布役法改革诏书。

废除免役、恢复差役的整个决策过程，紧锣密鼓，仅用了5天就走完了全部流程。据说，二府聚议时，枢密院长官章惇

---

❶ 元祐初年的党争特别是役法之争，见赵冬梅：《大宋之变：1063—1086》，第426—452页；张呈忠：《论司马光时代的新法改废与新旧党争》；林鹄：《宋哲宗即位初的政局》。

表示希望"仔细看详三五日",也没被理会。❶最终颁下的省札,照录了司马光札子,"前坐(司马)光姓名,后坐圣旨依奏",简陋而仓促。❷所以,学者怀疑,这是新法派蔡确、韩缜,利用了司马光想全面迅速废除新法的急切心理,故意推了一把。❸仓促颁下的役法改革诏书,人为地放大了高太皇太后和司马光这对反新法激进派人物的执拗、笨拙、经验不足等缺陷,为新法派的坚守反击酝酿机会。

果然,才过了数日,高手出场了。章惇以没让他提前仔细审阅材料为由,直言不讳地揭露,以司马光札子为蓝本的正式改革方案,"其间甚多疏略",并几乎是进行了逐条批驳。他先指出司马光前后观点自相矛盾,"旬日之间,两入札子,而所言上户利害正相反",一会说上户以免役为便,一会说上户以差役为便,简直是"率尔而言"。以此类推,司马光的其他意见,"必恐未能尽善"。接着,他一一点明,司马光对免役法的批评均不成立。

司马光说,此前承担差役的都是良民,免役钱却造成了一种"逆向选择"(adverse selection)困境,雇来的都是"四方浮浪之人",侵损官物,还无法追责。章惇指出,这纯属泛泛假设,"未必事实",有什么实证数据支持?"若朝廷欲知事实",就搞定点调研,"自熙宁元年已前,免役法行后即自元丰元年

---

❶ 王化雨:《面圣:宋代奏对活动研究》,第230—231页。
❷ 李焘:《续资治通鉴长编》卷366,元祐元年二月乙亥。
❸ 赵冬梅:《大宋之变:1063—1086》,第426—433页。

已后，各具三年内主持官物衙前，有若干人犯侵盗，各是何姓名，得何刑罪，便可立见有无"。司马光的其他批评，要么"未中事理"，"言已疏阔"，要么偏听偏信，专挑对自己有利的证据，比如说臣民呈递的陈情书，"无有不言免役之害"，简直睁眼说瞎话，"言免役不便者固多，然其间言免役之法为便者，亦自不少。但司马光以其所言异己，不为签出。"至于那几条如何恢复差役的设想，比如直接搬用十几年前的旧条贯、旧簿籍定差，"显见施行未得"；比如让本来不交免役钱的一部分官户、寺观、单丁、女户改出助役钱，还不如免役法，"尤不可施行"；比如推行差役唯恐不速，先上船后买票，等遇到困难，再逐级反馈，还要限期，基层官员"必妄意朝廷惟在速了，不欲令人更有议论，故立此限，逼促施行"，怎么可能有反馈？纯是空想。……最后，章惇总结：

> 光虽有忧国爱民之志，而不讲变法之术，措置无方，施行无绪。可惜朝廷良法美意，又将偏废于此时。有识之人，无不喟叹！❶

不论如何评价元祐初的新旧党争，都应该承认，这个反扑，从战术上讲绝对漂亮。连朱熹都承认，"温公之说，前后自不相照应，被他一一捉住病痛，敲点出来。"❷今人评价，章

---

❶ 李焘：《续资治通鉴长编》卷367，元祐元年二月丁亥。
❷ 《朱子语类·本朝四·自熙宁至靖康用人》，第3126页。

惇辩论役法,"绝不纠缠于毫无胜算的政治立场之争,但在具体技术问题上火力全开","体现了王安石时代培养出来的官僚的最高行政水准"。❶

在举国上下仰望"司马相公"施政风采之年,章惇这一击,显然给反新法派的威望造成了巨大伤害。苏辙不得不承认,司马光"虽有忧国之志,而才不逮心"。❷那些为司马光辩护的声音,如"惇所论固有可取,然专意求胜,不顾朝廷大体"(吕公著),如"光之论事,虽或有所短,不害为君子;惇之论事,虽时有所长,宁免为小人"(王觌),❸在冷酷无情的逻辑和事实面前,显得苍白无力。

但是,从战略上看,这次撕下脸皮的役法大辩论,彻底引爆了新旧两党之间你死我活的最后斗争。旧党中的温和派和激进派同仇敌忾,成功将新党赶出中枢,章惇尤为众矢之的。章惇的退场,虽是权力斗争的结果,同他的辩论性格也有直接关系。

与其他新法派相比,章惇有些特别。早年,他和好友苏轼一起去南山游玩,行至仙游潭,"潭下临绝壁万仞",中间只有一道独木桥。章惇笑着让苏轼过去题壁,苏轼恐高不敢,只见章惇"平步过之,垂索挽树,摄衣而下",在绝壁上写下"苏

---

❶ 林鹄:《宋哲宗即位初的政局》。赵冬梅:《大宋之变:1063—1086》,第445页。
❷ 李焘:《续资治通鉴长编》卷367,元祐元年二月丙戌。
❸ 《宋史·章惇传》。

轼、章惇来"几个大字，从容折返原处，神色如常。苏轼大为佩服，戏谑说：能豁出去自己的命，日后就能要别人的命，"君他日必能杀人"。❶绍圣年间，新法派重新上台，大肆报复反新法派，将他们都贬谪到岭南瘴疠之地，借刀杀人。据说，在讨论刘安世的流放地时，有人从旁插话："刘某平昔人推命极好。"章惇轻蔑一笑，用朱笔在昭州（今广西平乐县）上一点，说："刘某命好，且去昭州试命一巡。"❷熙宁年间，章惇判军器监时，有一天，三司使判官找人在官衙里煎药，引发了大火，他闻讯奋不顾身，"部本监役兵往救火"。火势最大时，神宗在高楼上眺望，恰好目睹了这一幕，询知是章惇，当即让他出任三司使。❸可见，章惇敢杀人，也敢救人，很有一点豪侠气概。政敌还攻击他"轻薄无行"，"平生多与京师市井小人并游而杂处"，被别人连名字带排行，呼为"惇七"，他也毫不在乎。❹

豪放不拘的性格，渗透到他的朝堂辩论中，就表现为言辞尖刻，喜欢用些俳谐俚语编排同事，不时还放几句狠话，和荆公"强辩"又不一样。别人说他：

> 又骂谏诤之臣曰："可斩！"此语，虽人主盛怒，不肯以出口也，而惇易言之。

---

❶《宋史·章惇传》。
❷ 张邦基：《墨庄漫录》卷1，第38页。
❸ 魏泰：《东轩笔录》卷5，《全宋笔记》第2编第8册，第35页。
❹ 李焘：《续资治通鉴长编》卷369，元祐元年闰二月庚戌。

又与同列议事，一不合意，则连声骂曰："无见识！无见识！"此语，虽市井小人，有不轻发也，而惇以为常谈。❶

等到章惇在宋哲宗时期当了宰相，这种个性也就愈发张扬。有人说："今大臣论事于黼座之前，有至喧辩不已，时于政事堂中，或以恶语相侵"，说的主要就是他。台谏指责他"不问谁何，率以鄙语侮骂摧毁"。❷章惇和曾布，二人都是好辩之人。元符初，西夏国势衰微，他们就在对夏政策应该强硬还是慎重的问题上大吵了好几次。有一次，曾布大为光火，痛骂章惇妄想一举收复西夏腹地兴、灵二州是"害心风"（精神错乱）；章惇反唇相讥，说曾布不图进取，反而要跟敌人划河而治，简直是"杂赁院里妇人言语"，大概是讽刺曾布像干粗活的老婆子同雇主讨价还价一样抠抠搜搜。❸

结果，就在这次役法大辩论中，章惇终于闹出了"在帘前奏事，悖傲不逊"❹的大事件：

> 元祐初，温公复差役，改雇役。……子厚（章惇）对太皇太后帘下与温公争辩，至言"异日难以奉陪吃剑！"太

---

❶ 李焘：《续资治通鉴长编》卷369，元丰八年十二月丙子。
❷ 李焘：《续资治通鉴长编》卷515，元符二年九月甲子。
❸ 李焘：《续资治通鉴长编》卷513，元符二年七月己巳。
❹ 李焘：《续资治通鉴长编》卷486，绍圣四年四月丁未。

后怒其不逊，子厚罪去。❶

李焘考证，当着高太皇太后和十岁的哲宗的面，与章惇吵得不可开交的人，并不是司马光，估计是别人，因为司马光身体不行，正月至五月一直告病在家。不过，这场惹怒了高太皇太后的帘前激辩，大概确实发生过，诏书就明说他"每于帘前同辅臣议政，动多轻悖，全无恭上之礼"。❷此事一出，反新法派顿时抓住了章惇的把柄，"刘挚、苏辙、王觌、朱光庭、王岩叟、孙升交章击之"，攻击如疾风暴雨袭来。

侍御史刘挚：

> 伏见知枢密院事章惇，资性佻薄，素无行检，庙堂议政，无大臣之体，专以强横轻肆，作俳谑之语，以凌侮同列，夸示左右。其语播于都下，散及四远，传以为笑。❸

左正言朱光庭：

> 自陛下临御以来，百端沮抑圣政，肆为辩说，内怀观望，动出俚语，市井小人之不若。❹

---

❶ 邵伯温：《邵氏闻见录》卷11，第119页。
❷ 李焘：《续资治通鉴长编》卷370，元祐元年闰二月辛亥。
❸ 李焘：《续资治通鉴长编》卷361，元丰八年十一月丁巳。
❹ 李焘：《续资治通鉴长编》卷368，元祐元年闰二月己丑。

左司谏王岩叟：

> 伏见知枢密院章惇材轻行薄，廉隅不修，无大臣体。……独每闻纵肆猖狂，为俳谐俚语，侵侮同列，朝士大夫相与鄙笑而已。流于京师，传之四远，甚非所以重庙堂、尊朝廷也。❶

王岩叟还痛心疾首地说，外间舆论沸腾，"自有执政以来，未尝见如章惇之凶劣者！"

时过境迁，这些激情、谩骂、污蔑，皆经不住靖康风雨吹打，飘零而逝。回顾当年的争论，人们容易忽略一个明面上的细节。章惇在帘前失态痛骂"异日难以奉陪吃剑"，意思大约是：日后有人要杀你们，别怪我有言在先，或者，你们自己找死，可别拉上我！这话究竟有什么所指？

殿中侍御史吕陶的奏疏给出了一个线索。他说，"三奸"之所以不肯认输，是因为他们有几点共识，第一点就是：

> 先帝之法岂可遽改？他日嗣皇（哲宗）亲决万机，则吾属皆有罪。❷

司马光和高太皇太后打着"以母改子"的旗号，尽废神

---

❶ 李焘：《续资治通鉴长编》卷369，元祐元年闰二月庚戌。
❷ 李焘：《续资治通鉴长编》卷370，元祐元年闰二月。

宗新法。在斗争的最后关头，这个策略将来可能导致的后果，已经被新法派摆上了台面，这当然是一种政治策略。小皇帝常用一个旧桌子，高太皇太后几次劝他换个新的，他就是不肯，只说："是爹爹用底。"朱熹说："宣仁大恸，知其有绍述意也。"[1]"异日难以奉陪吃剑"，或许就是对高太皇太后身边的小皇帝说的，所以高氏才"怒其不逊"乃至怒不可遏，必欲逐之。

元祐初年，有人提醒司马光："他日，有以父子义间上，则祸作矣！"司马光正色说："天若祚宗社，必无此事。"[2]这个回答如果是真的，那就是政治上的糊涂或幼稚。不仅新法派笃定，将来哲宗不论从个人感情，还是从摆脱挟制、重建威权的政治考虑出发，都要"以子继父"，所谓"更化"也必将推翻重来。自元祐年间开始，反新法派对政敌的迫害也变本加厉。[3]一蔡确而已，一贬再贬，必须"投诸四裔，以御魑魅"，无非怕他"再来，皇帝年少，如何制他"。[4]这事实上反映了高太皇太后，尤其是元祐大臣内心对"更化"的正当性（即能否始终获得皇权加持）的焦虑感。

这样看来，"异日难以奉陪吃剑"，仿佛一语成谶，早早预示了"绍述"时代的降临，或者说，这颗种子早已经埋下了。

---

[1] 黎靖德编：《朱子语类·本朝一·哲宗朝》，第3047页。
[2] 《宋史·司马光传》。
[3] 罗家祥：《朋党之争与北宋政治》，第108—111页。
[4] 李焘：《续资治通鉴长编》卷427，元祐四年五月丙戌、丁亥。

四、曾布和其他人

曾布（1035—1107），字子宣，江西人，和吕惠卿都是嘉祐二年（1057）进士，也是"唐宋八大家"之一曾巩的弟弟。熙宁初，王安石推荐曾布，"神宗召见，论建合意"，先后任崇政殿说书、判司农寺、检正中书五房、知制诰、翰林学士兼三司使等要职，"凡三日，五受敕告"，10个月内提拔13次，擢升迅速。❶多项新法如免役、养马、保甲等，皆为曾布谋划，他也被反新法派视为王安石的"腹心"。❷王安石评价："法之初行，议论纷纷，独（吕）惠卿与（曾）布终始不易。"可见曾布在新法派中地位重要。然而，熙宁七年（1074），曾布奉命根究市易司弊端，与吕惠卿、王安石发生矛盾，长年在外做官，哲宗时方得重用。在哲、徽两朝，曾布历任宰辅，参与了"绍述"和迫害旧党，后来又欲调停两党，倡导"建中靖国"，最后遭蔡京排挤失势。❸

曾布是新法派中比较有才干且有操守的人。❹他的政治性格有些复杂，但终归同吕、章一样，都是神宗和荆公挑出来的

---

❶ 《宋史·曾布传》。李焘：《续资治通鉴长编》卷225，熙宁四年七月丁酉。见李裕民：《从王安石变法的实施途径看变法的消极影响》。

❷ 李焘：《续资治通鉴长编》卷237，熙宁五年八月癸卯。

❸ 关于曾布，除刘子健文外，还可见沈履伟：《曾布与熙宁变法》；熊鸣琴等：《曾布"奸臣论"辨析——立足于北宋中后期党争的考察》；罗家祥：《曾布与北宋哲宗、徽宗统治时期的政局演变》。

❹ 刘子健：《王安石、曾布与北宋晚期官僚的类型》，第126页。

干才型官员。不喜欢他的人说他"巧黠"、[1]"权谲自喜,议论多偏",[2]喜欢他的人夸他"文理密察之才,与纵横博奥之辩,必有大过人者",[3]总之也是善于辩论。熙宁初,吕惠卿丁忧以后,王安石特意安排曾布接替吕惠卿,进入神宗的经筵,预备随时反击对手借讲解经史来攻击新法。[4]吕惠卿"廷辩韩琦之奏章",维护新法,曾布也与有力焉:

> 韩琦上疏极论新法之害,神宗颇悟。布遂为安石条析而驳之,持之愈固。[5]

熙宁四年(1071),免役法在开封府界试点推行后,台谏官杨绘、刘挚联合攻击新法有"五难""十害"。王安石命令张琥作"十难"来反驳他们。张琥写不出,曾布就站出来,主动向领导请缨:"请为之。"他开场就说:

> 臣观言者之言,皆臣所未喻。岂蔽于理而未之思乎?抑其中有所徇而其言不能无偏乎?臣请一二陈之。[6]

---

[1] 邵伯温:《邵氏闻见录》卷13,第142页。
[2] 缪荃孙:《曾公遗录》跋。
[3] 梁启超:《王安石传》,第224页。
[4] 王瑞来:《宋宰辅编年录校补》第2册,第388页。
[5] 《宋史·曾布传》。
[6] 李焘:《续资治通鉴长编》卷225,熙宁四年七月戊子。

这是把对手强行置于一个"两难"的处境：要么是不明于理，要么是别有用心。接下来，他逐条驳诘杨绘、刘挚的意见，指责对手吹毛求疵，曲解政策，"诞谩欺罔，曾不畏忌"。他的每一条驳议，结尾都是"此臣所未喻也！"并仗着皇帝撑腰，大搞人身攻击，指责对方"内怀邪诐之情，有所向背"，就是结党营私，"仍诘二人向背好恶之情果何在？"神宗让双方对质，据说，杨绘"录前后四奏以自辩"，终于服输：

> 元素（杨绘）惶恐，请曰："臣愚，不知助役（即免役）之利乃尔，当伏妄言之罪！"❶

刘挚干脆拒绝再辩，爱怎样就怎样："臣言为非耶，则贬黜而已。虽复使臣言之，亦不过所谓十害者，而风宪之官，岂当与有司（曾布）较是非胜负耶？"❷最终，杨、刘二人贬官外放。

除了王安石、吕惠卿、章惇、曾布，在新法派阵营中，还有不少符合"善论辩"标准的官员。比如，王岩叟"黑名单"列为"阿谀辩巧"第二人的许将。可惜，史书只留下了他面折契丹使的记载。❸先受王安石提拔，后来与之决裂的唐坰，据

---

❶ 邵伯温：《邵氏闻见录》卷13，第143—144页。
❷《宋史·食货志上五》；李焘：《续资治通鉴长编》卷225，熙宁四年七月丁酉；刘挚：《忠肃集》卷3，《论助役十害疏》及后续《分析疏》，第51—60页。
❸《宋史·许将传》。

说也"有才辩"。❶其余新法派官员的辩论事迹,大概也没有什么机会得到记录并传世。

如果把新法派比成一支辩论队,真正有机会发挥核心作用,参与高层政治决策的主力辩手,也就那么几个,紧要关头能顶上的候补可能很多。何况,新法派并非什么辩论队,而是一个政治集团,政治集团从来成色复杂,以为他们全体善辩,显然荒谬。在王安石的支持者和追随者中,并不以辩才见长,负责打助攻、办实事的能吏,大有人在。比如那个情急之下写不出"十难"的张琥(即张璪),政敌就指责他虽不像蔡确、章惇那样骄横、强辩,咄咄逼人,而是看似柔弱,人畜无害,实质上依然是"奸邪",甚至比前者更加难察觉、难对付:

> (蔡)确将之以骄,(章)惇将之以强,而(张)璪将之以巧。惟骄与强,犹有以见于声音颜色之间,足以激人之怒心,而使人不能容,若巧,则不可得而见矣!优柔曲折以求入,宛转便佞以取容,无难人之意,无忤人之词,其言似信,其情似亲,使人主惑而不知其所以,独旁观静听者乃觉其阴有以移人之意耳。❷

熙丰时期的政治舞台上,还有一些对新法表示默许态度的大臣。著名的"三旨宰相"王珪,"每与众执政议事,有终席

---

❶ 杨仲良:《皇宋通鉴长编纪事本末》卷64《王安石专用小人》。
❷ 李焘:《续资治通鉴长编》卷381,元祐元年六月乙卯。

不曾赞一句议论"的安焘，❶皆是此类。在政治辩论中，这类官员的主动或被动配合，对于新法的谋划、出台和顺利推行，也都不可或缺。

今日，要观察王安石集团，只能更多地透过反新法派的滤镜。前面重点讨论的几位官员，元修《宋史》时都被归入了《奸臣传》。后来，有学者质问：北宋前一百多年难道没出一个奸臣？两宋三百多年出了21个奸臣，王安石集团竟占了三分之一，《宋史》编纂者想表达什么？好些"奸臣"，如蔡确、章惇、吕惠卿、曾布之流，真是奸臣吗？❷

在当代的研究中，"奸臣"这种道学阴影下的传统史学分类，已经被舍弃。比起"小人""奸邪"，新法派的另一历史标签——"强辩"，尚未得到充分发掘。台谏官林旦就说，章惇、吕惠卿这些人，生性险谲，才智敏给，口才又好：

> 惇则素行卑污，阴结权幸，专为强辩，朋奸害正；惠卿饰诈遂非，贪功妄作，中伤良善，巧自营进。❸

连辩才并不怎么出众的蔡确，后来也被台谏斥为"象恭滔天，有共工之恶；言辩行伪，挟少正卯之才"。❹可见，反新法

---

❶ 李焘：《续资治通鉴长编》卷370，元祐元年闰二月乙卯。
❷ 喻朝刚：《章惇论》。
❸ 李焘：《续资治通鉴长编》卷373，元祐元年三月丙戌。
❹ 李焘：《续资治通鉴长编》卷425，元祐四年四月壬子。

派对新法派官员的攻讦诋毁，大抵采用了和针对王安石同样的一套术语。就王安石而言，"强辩"多少有他个人的性格和作风因素（见第一章）；但就新法派官员而言，"强辩"更多是一种集体的脸谱化、污名化。本书尝试透过这种刻意的形象塑造和历史书写，探索相对真实的政治史场景。不过，这种"真实"并不完全等于"客观"，因为，它还包括敌对一方，也就是反新法派的主观感受和回应。

第五章　旧人寥落

一、"细腰"政治学

> 昔者，楚灵王好士细腰，故灵王之臣，皆以一饭为节，胁息然后带，扶墙然后起，比期年，朝有黧黑之色。是其故何也？君说之，故臣能之也。❶

楚王喜欢细腰，臣子就每天只吃一顿饭减肥，饿得瘦黑，连站都站不稳。这是一个战国时期广为流传的寓言，《管子》《墨子》《荀子》《韩非子》都援引过。最直截的解读，就是统治者的个人偏好和道德垂范，都会对臣民的行为产生强烈的规范性作用，"执权势之柄者，可以移风易俗也"。❷上有所好，下必甚焉，神宗、荆公皆喜论争，爱才辩。熙宁年间崛起的新法派，又是十分善于利用领导偏好、制度环境和政策机遇的一个群体。面对这一局面，反对新法的官僚士大夫不得不采取种种

---

❶《墨子·兼爱中》。
❷《淮南子·主术》。这一先秦典故及其诠释，见安乐哲：《中国古代的统治艺术：〈淮南子·主术〉研究》，第157—158页。

因应之策，竭力维持原有的政治游戏规则，营造于己有利的政治气候。

要让君主疏远"细腰"，第一个关键办法，就是告诉君主，细腰其实并不美，准确地说，是不符合传统的审美标准。除了战国策士一度自夸"伏轼撙衔，横历天下，廷说诸侯之王，杜左右之口，天下莫之能伉"，❶中国古代的政治思想主流，对辩论和口才一向是不大瞧得起的，带有一种对多元话语和思想的厌弃心理。苏格拉底生在春秋恐怕就是少正卯，生在战国就会被当成惠施、公孙龙，若是普罗泰戈拉、芝诺，更是自郐以下。孔子说："刚毅木讷近仁"，"巧言令色，鲜矣仁"。❷庄子说："圣人议而不辩"，"辩者之徒，饰人之心，易人之意，能胜人之口，不能服人之心"。❸荀子虽说"君子必辩"，这是从"有德者必有言"的角度看；但"有言者不必有德"，❹所以，"辩说譬喻"，只要"不顺礼义"，就被定性为"奸言"，"虽辩，君子不听"。❺孟老夫子不也得为自己开脱吗？"予岂好辩哉？予不得已也！"

在熙宁时代的政治辩论中，反新法派动员"反辩论"的传统资源，可谓苦口婆心，不遗余力。

张方平说：

---

❶《史记·苏秦张仪列传》。
❷《论语·子路》，《论语·阳货》。
❸《庄子·齐物论》。
❹《论语·宪问》。
❺《荀子·非十二子》，《荀子·王制》。

> 今习俗奔竞，偷敝成风，交党相倾，势利相轧。攻讦起于庙堂，辩讼兴于台阁，非所以昭圣化也。……"吉人之辞寡"，"君子讷于言"，外若不足，其中诚也。利口捷给，外若有余，其中伪也。惟圣鉴精察之！❶

吕公著说：

> 自古有为之君，未有失人心而能图治，亦未有能胁之以威、胜之以辩，而能得人心者也！❷

"口辩"是恶劣的，"交口相直，如市人之诟竞"，简直有辱斯文。❸ 类似的观念，不仅在每天上午的朝堂上加以讨论，也由反变法派的侍讲、侍读在下午的经筵上，对喜欢辩论的神宗进行教育灌输。负责此事的就包括翰林学士司马光。熙宁元年（1068）二月十七日，司马光为神宗讲《资治通鉴》，正好读到苏秦掉三寸不烂之舌，游说韩魏齐楚，为六国纵约。年轻的皇帝听得竟有些心驰神往，不禁赞叹："苏秦、张仪掉三寸舌，乃能如此乎！"司马光慌忙补充："秦、仪为纵横之术，多华少实，无益于君。委国而听之，此所谓利口覆邦家也！"❹

---

❶ 李焘：《续资治通鉴长编》卷269，熙宁八年十月丁巳。
❷ 《宋史·吕公著传》。
❸ 李焘：《续资治通鉴长编》卷225，熙宁四年七月丁酉。
❹ 黄以周等：《续资治通鉴长编拾补》，第90页。

第五章　旧人寥落

熙宁二年（1069）冬，司马光又特意选了《通鉴》里西汉张释之的典型事迹，向神宗进一步灌输"利口"的危害。张释之跟着汉文帝围猎，文帝询问上林尉，猎苑中都养了些什么野兽？上林尉一句都答不上来，虎圈啬夫上前代答，"口对响应，无穷者"。文帝十分赞赏："吏不当若是耶！"就要升他的官。张释之上前劝说文帝：秦朝任刀笔之吏，"争以亟疾苛察相高"，最终亡国，所以，求治必须任用忠厚长者，"陛下以啬夫口辩而超迁之，臣恐天下随风而靡，争为口辩而无其实"。[1]司马光据此引申说：

> 孔子称"利口之覆邦家"。夫利口何至覆邦家？盖其人能以是为非，以非为是，以贤为不肖，以不肖为贤。人主苟以非为是，以是为非，以贤为不肖，以不肖为贤，邦家之覆，诚不难矣！[2]

前面说过，治平四年（1067），开封官员罗恺、陈汝羲入见，神宗问起管内事务，一个支支吾吾，一个对答如流，神宗当即就要升陈汝羲的官，与汉文帝故事何其相似！（见第二章）不过，此时司马光论利口，就不单是针对神宗的好辩了——他在《手录》里记了一句"时吕惠卿在坐"，表示明确

---

[1]《资治通鉴》卷14《汉纪六》。
[2] 司马光：《温公手录》卷1《迩英论利口录》，第427页。李焘：《续资治通鉴长编》卷210，熙宁三年四月丁亥。

针对的正是新法派。

二、君子无辩，小人有辩

要让君主疏远"细腰"，次一个关键办法，就是告诉君主，有细腰特征的人还具有潜在的道德和政治危险，都是小人、奸邪，君子才不会好细腰。北宋开国以来的理想大臣形象，就是厚重简易、清介醇谨，不是利口喋喋、逞强好胜。❶这种价值标准，当然也有传统的思想渊源。有一次，子张和子夏在孔子面前争论了一整天。子夏越来越激动，"辞气甚隘，颜色甚变"。子张告诫他，夫子辩论可不这样，"威仪翼翼，后言先默"，从容不迫。相反，你知道"小人之论"是什么样吗？

> 小人之论也，专意自是，言人之非。瞋目扼腕，疾言喷喷，口沸目赤。一幸得胜，疾笑嗌嗌，威仪固陋，辞气鄙俗。是以君子贱之也。❷

这里的"小人之论"，活脱脱就是反新法派眼中的王安石、吕惠卿、章惇一流的辩论姿态。

于是，反新法派利用这一套保守的文化，刻意将善论辩（"强辩"）和有才无德画上等号，将不善论辩和有德君子画上

---

❶ 刘静贞：《皇帝和他们的权力：北宋前期》，第33—34页。
❷《韩诗外传》卷9。

等号，认为前者悖于先儒之教、祖宗之法。庆历新政时，面对"朋党论"，欧阳修提出了一种"君子有党，小人无党"的新论，而熙宁初年，保守士大夫中间则形成了一种"君子无辩，小人有辩"的论调。刘挚就提醒神宗，要疏远那些"虚哗轻伪、志迫忘远、幸于苟合之人"，重用那些"忠厚慎重、难进易退、可与有为之士"。❶他在役法大辩论中，抱怨如今朝廷上下颠倒，黑白不分：

> 忠厚老成者，摈之为无能；侠少儇辩者，取之为可用；守道忧国者，谓之为流俗；败常害民者，谓之为通变。❷

刘挚对神宗和王安石用人的总评价是："进辩给轻捷之子，以为适时；退老成敦厚之人，以为无用。"❸所谓"侠少儇辩""辩给轻捷"，自然是指章惇、吕惠卿、曾布等新法派官员；"忠厚老成""老成敦厚"，自然是指文彦博、张方平、吕公著等旧臣。苏轼紧跟司马光，也用汉文帝和虎圈啬夫的例子警示神宗：鉴于朝廷目前有"以口舌捷给而取士，以应对迟钝而退人"（仿佛在比较王安石和司马光）的倾向，须当心"先王之

---

❶ 刘挚：《论用人疏》，《忠肃集》卷3，第49—50页。
❷ 刘挚：《分析第二疏》，《忠肃集》卷3，第57页。
❸ 李焘：《续资治通鉴长编》卷423，元祐四年三月甲申。

泽，遂将散微"的危险后果。❶熙宁九年（1076），退休的富弼还在劝说神宗，须提防左右臣僚中的"反复狡狯者"，亲近"纯良方正者"。在他眼中，这两个大阵营其实是泾渭分明、冰炭不容的。那些奸党——

> 虽有奸才强辩，或可以惑人，其实自取名位，及援引亲旧，结成朋党，互相保庇，表里胶固，牢不可破……盖本无一定之志，不耻不仁，不畏不义，不见利不劝，必无忠荩悫实，安肯内心于国家也！

相反，纯良方正者完全属于另一类人，也许他们不那么伶牙俐齿、随机应变，"才辩诚有不及狡狯之人"，胜在"其心不二，持守坚笃，中立不倚，旁无朋比，……忠亮一节，至死不移"。富弼希望神宗时刻注意这一本质区别，"恐非须臾可忽也"。❷

奸邪小人的外在行为特征是"强辩""利口"，有德君子则是"忠厚""持重"，这种二元对立的观念，一直延续到元祐党争。直到那时，刘挚依然认为，敦厚寡言的"德"，刻薄辩给的"才"，是截然对立的。究竟是有德者还是有才者成为国之栋梁，造成的政治后果也是完全不同的；至于有才之人，就是那些自负学问高超、头脑敏捷、善于强辩之辈，这种人最容易讨君主

---

❶ 苏轼：《上神宗皇帝书》，《苏轼文集》，第738页。
❷ 李焘：《续资治通鉴长编》卷276，熙宁九年六月壬子。

喜欢，造成的危害也最大：

> 古者任大臣，必用有德，不用有才。有德进，则行忠厚之政，以安天下；有才进，则为残刻之政，以祸天下。则德之与才，治乱之所系也。有德者廉静而重谨，故人难识之，有才者矜强而敏捷，故人多悦之。此历代人主所以多惑于忠邪之际也。杨国忠、李林甫、卢杞辈，其才皆过人，然终为唐室之乱，不可不察也。❶

司马光《资治通鉴》首卷有一段"智伯之亡也，才胜德也"的著名议论，也应该放在这种思想结构中理解。他说，"君子"德胜才，"小人"才胜德，"愚人"才德都无，统治者用人，若不得君子，宁用愚人，绝不能用小人。❷

二元对立的观念，不仅对元祐旧党的历史评价产生了一点逆火效应，刘安世就说，这些人（包括司马光）"类丰于德，而廉于才智"，❸更有意思的是，反新法派内部似乎也承认这种品类，只是剥离了其中的负面内容，加以利用。有人建议神宗"参用旧人"，"用恬默持重之人"（被排除在权力中心以外的吕公著、司马光等旧臣），御史蔡承禧就反驳：

---

❶ 李焘：《续资治通鉴长编》卷369，元祐元年闰二月癸卯。
❷ 司马光：《资治通鉴》卷1，第14—15页。
❸ 邵博：《邵氏闻见后录》卷20，第181页。

> 有才能者，未必恬默持重；恬默持重者，未必实有才能。若信其言，实害于政。……彼恬矣默矣，何补于天下之事？❶

适度的辩论，在宋代政治中本是一种常态。然而，对"强辩""利口"的大肆渲染和贬低，是随着王安石和新法派的崛起而凸显的现象。在新法推行之初，这更多反映了一种双方年龄差距、个体性格和行政作风的表面差异，后来才同过度道德化的君子-小人、正-邪标签结合起来，赋予后者一种实质性内容。从此，"小人"的内涵，除了聚敛、生事、朋比这些言人人殊的特征，又多了一项辨识度更高的外在行为特征——"强辩""利口"。在新法推行之初，新法本身和新法派的一些缺陷尚未充分暴露，反对者缺少方便的把柄。除了反复争辩政策条文，除了指责敌人"强辩""利口"，故意指向历史上那些负面榜样如少正卯、李林甫、卢杞等，反新法派的攻击并无太多选择余地。结果就是，放眼中国历史，乃至世界历史，除了面对智者学派的希腊城邦，大概不易见到熙丰年间如此多的对"辩"的集中攻讦。

三、前赴乏后继

尽管反新法派竭力从政治哲学上否定"强辩"的合法性，

---

❶ 李焘：《续资治通鉴长编》卷278，熙宁九年十月辛亥。

釜底抽薪依旧不能替代正面交锋。无论是"君心"还是政事,一旦在"强辩"之前主动退缩,政治后果必定是灾难性的,虽说辩不好,明知辩不过,一样也得辩。头一个据传因为同王安石争辩不胜而"牺牲"的反新法派同志,就是参知政事唐介。不过,新法派中有不善辩的成员,反新法派中自然也有善辩的成员。无论如何渲染王安石集团的"强辩",一个巴掌显然拍不响。

熙宁变法前,吕公著本是王安石的好友,王、吕,加上司马光和韩维,有"嘉祐四友"之称。嘉祐五年(1060),王安石为直集贤院,吕公著为天章阁待制,同在馆阁的还有刘敞、韩绛等人,彼此之间发生过不少友善的争论。据说,王安石虽以博学才辩为同列推服,他的"高论"却被吕公著盖过不止一次,并且他还很服气:

> 安石博辩有文,同舍莫敢与之亢,独公(吕公著)以精识约言服之。❶

某日,众人聊起西汉末年的大学问家刘向。当时宦官专权,外戚乱政,刘向频繁上书批评朝政。有人觉得,这说明刘向"知忠义",有人不同意,认为这反倒显示他"不达时变"。双方正相持不下,王安石来了,大家纷纷请教。王安石没多想就回答:"刘向强聒人耳。"大家对这个说法不太满意,又等吕公

---

❶ 朱熹:《三朝名臣言行录》,《朱子全书》第12册,第615页。

著来了再问，吕公著说："同姓之卿欤（刘向是皇室疏属中的高官啊）！"众人大为佩服。后来有人总结：

> 吕晦叔、王介甫同为馆职。当时阁下皆知名士，每评论古今人物治乱，众人之论必止于介甫，介甫之论又为晦叔止也。❶

翰苑清谈和政事争辩肯定不一样，但这多少反映，吕公著思维敏捷，口才也不错。熙宁初，王安石推荐他当御史中丞，期待他成为变法的一大助力，结果，吕公著屡言新法不便，被排挤出京。

刘恕，素有神童之名，读书过目成诵，是司马光编《资治通鉴》的得力助手。王安石本打算吸收他进新法班子，可惜，双方政见不合，刘恕丝毫不给荆公留情面，甚至公开与之争吵：

> 或面刺介甫，至变色如铁；或稠人广坐，介甫之人满侧，道原（刘恕字）公议其得失无所隐。恶之者侧目，爱之者寒心，至掩耳起避之，而道原曾不以为意。❷

---

❶ 邵伯温：《邵氏闻见录》卷12，第125页。另一版本将这个故事安在了韩绛身上，见《过庭录》。相关考证见刘成国：《王安石年谱长编》，第565—566页。

❷ 司马光：《〈十国纪年〉序》，见邓广铭：《〈宋史·刘恕传〉辨正》，《邓广铭全集》第9卷，第312—313页。

司马光《资治通鉴》编修团队的另一位重要成员——刘攽，性好戏谑，也同王安石发生过不少针锋相对的争论。相传，王安石"当时在馆阁谈经术，虽王公大人，莫敢与争锋，惟刘原父（刘攽兄刘敞）兄弟不肯少屈"。❶宋人还编出不少逸事来夸张二人这种关系，其中最著名的一则是：推行农田水利法时，有人给王安石献策，"决梁山泊八百里水以为田，其利大矣！"王安石"喜甚"，觉得可行，但有点犹豫，"策固善，决水何地可容？"这时，刘攽在一旁讥讽说："自其旁别凿八百里泊，则可容矣！"❷

另一反新法派主将刘挚，性格"通达明锐，触机辄发"，王安石原来也非常欣赏，提拔他为检正中书礼房公事，放入新法派的人才储备梯队。❸可是，刘挚不久就转入台谏，极力攻击新法。前面讲过，他联合杨绘以"十害"攻击免役法，"至王安石设难相诘，而挚反复条辨，侃侃不挠"。❹

监察御史里行张戬，也同王安石有激烈的正面交锋。熙宁三年（1070），他上章攻击青苗法，没有得到理睬，一气之下亲自找上中书门下理论。当时曾公亮和王安石都在场，"公亮俯首不答，安石厉声与之往反"。❺据说，瞧着张戬火冒三丈又无可奈何的样子：

---

❶ 朱弁：《曲洧旧闻》卷2，第109页。
❷ 邵博：《邵氏闻见后录》卷30，第284页。
❸《宋史·刘挚传》。
❹《四库全书总目提要》卷153《集部六·别集类六》。
❺ 李焘：《续资治通鉴长编》卷215，熙宁三年九月己亥。

安石以扇掩面而笑。

戬怒曰:"参政笑戬,戬亦笑参政所为!岂但戬笑,天下谁不笑者?"

陈升之解之曰:"察院(监察御史)不须如此。"

戬顾曰:"只相公(陈升之)得为无过耶?"❶

熙宁初的宰相陈升之,同王安石辩论是否该设立制置三司条例司,"争于上前,日高不决"。❷翰林学士范镇,不仅在迩英殿经筵上同吕惠卿争辩新法,而且,尽管没能胜过王安石,多少让他吃了个闷亏:

熙宁初,王荆公始用事,公以直言正论折之,不能胜。上章乞致仕,曰:"陛下有纳谏之资,大臣进拒谏之计;陛下有爱民之性,大臣用残民之术。"

据说,王安石看到这句话,怒不可遏,"持其疏,至手颤"。冯京赶紧从旁劝解:"参政何必尔!"❸

当然,一些人面对王安石"强辩"而据理力争的高尚姿态,是不是反新法派书写历史时夸大、美化的结果,也值得怀疑。比如,免役法大辩论中,面对曾布的诘难,杨绘的反应就

---

❶ 李焘:《续资治通鉴长编》卷210,熙宁三年四月壬午。
❷ 杨仲良:《皇宋通鉴长编纪事本末》卷66《三司条例司废置》。
❸《宋史·范镇传》。邵伯温:《邵氏闻见录》卷12,第129页。

有两种截然相反的说法。范祖禹写的《杨待制绘墓志铭》说他"执前议,遂罢",到了《宋史》本传就成了"固执前议,遂罢",显得他自始至终坚持立场,很有风骨。[1]然而,《宋史·刘挚传》则说杨绘"惧,谢罪",《邵氏闻见录》更是形容他"惶急",忙不迭请求"伏妄言之罪"。[2]这两种说法未必非此即彼,但都说明来源不同的私家记载根据各自立场对史实的扭曲。

不妨承认,反新法派中的确存在少数能言善辩的成员,甚至,抛开政见,只论才辩,刘恕、刘挚、苏辙这些人,本来能够成为新法派的一员而无违和感。但是,许多反新法派成员,尤其是仍留在关键位置上的领袖人物,在辩论气势和技巧上,大概远远不如王安石等人。比如,熙宁二年(1069)"生老病死苦"宰执班子中的"苦"——赵抃,他独自面对"强辩"的荆公,争又争不过,只好退下来大发牢骚:"心知其非,而辞辩不及安石,凡事不能力救,徒闻退有后言。"[3]是故,后人总结当时辩论的大势:

> 以重德元老为安石所忌者,韩琦、富弼、文彦博也。
> 以雅望隆眷为安石所排者,欧阳修、司马光、张方平也。

---

[1] 顾宏义等:《名臣碑传琬琰集校证》中卷25,第981页。《宋史·杨绘传》。又李焘:《续资治通鉴长编》卷225,熙宁四年七月丁酉。
[2] 见上章。刘挚的其他传记资料,如《琬琰集删存附引得》《东都事略》都未见这一扬刘贬杨的说法。
[3] 黄以周等:《续资治通鉴长编拾补》,第222页。

始同终异者，曾公亮、陈升之、吴充也。

力与之争者，唐介也。

争而不力者，赵抃、冯京也。

枢府不与其谋者，吕公著、蔡挺也。

执政依违不言者，王珪。❶

对于这种局面，朱熹就极不满意。他还说，当年王安石"直是强辩，邈视一世。如文潞公，更不敢出一语"。❷文潞公就是文彦博。这话说得夸张了，文彦博倒没有"不敢出一语"，史书和文集中都还保存着他同荆公在新法、人事、边防等问题上的争辩记录。不过，在朝堂上面对王安石，加上王安石的帮手得力，❸神宗又不向着他，自然屡屡吃亏。前面讲过，熙宁四年（1071），王韶成功招揽了河湟蕃部大酋俞龙珂。二府向神宗汇报说，王韶建议，将俞龙珂的下属分为四支各有小头目的分部（"头项"），分而治之，同时给与足够的好处，俞龙珂本人赏"殿直、蕃巡检"，手下大将为"族下巡检"。文彦博代表枢密院表示，分割俞龙珂的势力有风险，给的官职待遇也偏高，他们都还没什么实际功绩，怕会引起更早归附宋朝、如今正在边地效力的蕃部首领（"见得力蕃官"）的嫉妒。由此引发了一

---

❶ 吕中：《类编皇朝大事记讲义》，第316页。
❷ 黎靖德编：《朱子语类·本朝四·自熙宁至靖康用人》，第3095页。
❸ 据说，宰相韩绛就"与王安石协力排彦博，每议事，绛多面沮之。彦博内不平"，见杨仲良：《皇宋通鉴长编纪事本末》卷63《王安石毁去正臣》。

番争论：

> （文彦博）言："未须与殿直与军主，恐见得力蕃官觖望（怨望不满）生事。"
>
> 安石曰："分为四头项，既责任王韶，韶必有斟酌，朝廷何由遥度？不知蕃官如何便敢觖望？"
>
> 彦博曰："俞龙珂等并不为用，却与官，既为用者如何不觖望？"
>
> 上曰："事体有大小。如木征作刺史，董毡作节度使（二人都是唃厮啰政权的高级首领），何尝为用？蕃官亦岂可觖望？"
>
> 安石曰："秦州蕃官如令修己（又译作迈凌惜吉），见作殿直，不知有多少族帐？朝廷除与俞龙珂、旺奇巴官，于令修己何事，便敢觖望？"

显然，文彦博的意见接连遭到神宗和王安石的反对。他们的论证方式其实都是类推，引用先例。文彦博连忙想了想，也举出一条，说：

> 如韩绛厚蕃兵，便致汉兵作过。

就在这年，韩绛奉命宣抚陕西，他选蕃兵编成七军，犒赏装备优于汉兵，甚至"夺骑兵马以与之"。北宋禁军本就傲骄，这样一来，军中怨声载道。不久西夏兵来袭，驻守庆州的广锐军就发生了哗变。❶尽管这是蕃汉之间,而非蕃官之间,文彦博还是期待借此说明厚此薄彼的危险。利用"庆州兵变"来攻击新法派,反新法派可谓津津乐道。❷可是,没等他说完,神宗就冲他摆了摆手,淡淡地说了一句:

此事不类。

文彦博无语。处置俞龙珂部的讨论,至此结束,"令悉依王韶所乞"。❸

同一年,在农田水利法实施过程中,疏浚漳河并以河水灌溉两岸田地,需要投入大量人力物力。这项工程是否必要,文彦博也同王安石有一番争执。文彦博认为,此举纯属多事,非但没什么好处,还为本就不宽裕的财政雪上加霜:

足财用在乎安百姓,安百姓在乎省力役。且河久不开,不出于东,则出于西,利害一也。今大发夫开治,徙东徙西,何利之有?

王安石完全不同意。他说,假设漳河向来没有固定河道,那东流还是西流,确实区别不大。但是,能治理漳河,使之流

---

❶《宋史·韩绛传》。
❷ 李华瑞:《庆州兵变与王安石变法》。
❸ 李焘:《续资治通鉴长编》卷228,熙宁四年十二月戊辰。

第五章 旧人寥落

经正道，显然有利无害。何况，如果东流西流都一样，当年大禹还费劲治个什么水呢？

> 苟为或东或西，利害一也，则禹何为乎浚川？何为乎尽力沟洫？劳力，先王所重。然以佚道使民，虽劳，不可不勉。❶

这一次，神宗倒没有出言直接否定文彦博，不过，史书（大概根据王安石自己的记载）说，听完王安石这番反驳，"上笑"。❷

又比如司马光。司马光后来回忆，面对新法派，自己"屡言新法非便，触忤权贵，冒犯众怒，争辩非一"，这是事实。❸可惜的是，"迂叟"有一支如椽之笔，诗文很好，史才绝代，尤其有保守主义者身上常见的那种洞察力，但临场应变也许不行。苏辙说他"才不逮心"，反映在表面上可能是口不逮心，别人说好几句，他能跟上一两句，他擅长的辩论工具大概是书信和奏疏。元祐初，司马光重新进入中枢后，与蔡确、章惇等人共事。章惇就经常欺压司马光：

---

❶ 李焘：《续资治通鉴长编》卷214，熙宁三年八月甲戌，小字注。整理本标点疑误，今改正。
❷ 李焘：《续资治通鉴长编》卷220，熙宁四年二月丁丑。
❸ 李焘：《续资治通鉴长编》卷355，元丰八年四月己丑。

章惇则自任语快，尝以光为绝不晓事。论事之际，数以语侵光，光亦不能平。[1]

在政治辩论中，司马光在才辩过人的王安石、章惇等人面前的处境，史书没有详细描述，温公自己显然也不愿多讲。比如，熙宁元年（1068），他同王安石在延和殿发生了一场关于"理财"的著名辩论。王安石的"善理财者，民不加赋而国用饶"对司马光的"天地所生，货财百物，止有此数，不在民间，则在公家"，就出自这场对抗。司马光自己说，当时他"与介甫争论久之"，但记录下的只有寥寥几句代表性结论。[2]邓广铭先生说，王安石必然还有许多话语来反驳司马光，"这才是最合乎逻辑的一个结局"。[3]史书中往往见到"王安石……辩说甚力""安石辩数甚力"，可详情一概不知。[4]反新法派在政治辩论中的许多败退场景，或许也被他们主导的历史书写刻意淡化、忽略，留下的主要是一味指责对方"强辩"的虚辞。

---

[1] 杨仲良：《皇宋通鉴长编纪事本末》卷95《用旧臣上》；李焘：《续资治通鉴长编》卷359，元丰八年九月己酉。
[2] 司马光：《温公手录》卷2，第443页。
[3] 邓广铭：《北宋政治改革家王安石》，第115—116页。
[4] 李焘：《续资治通鉴长编》卷223，熙宁四年五月乙未，卷224，熙宁四年六月戊午。

四、"佞史""谤书"中的"真相"

讨论政治辩论中的新法派和反新法派形象,不免带来一个疑问:我们用来复原政治辩论的主要史料,是否仅仅是习染某种政治偏见的历史书写者希望呈现的面貌?或者说,这些史料究竟有什么局限性?

宋代的修史制度很完备,所以"史料之丰富冠绝古今"(金毓黻语)。特别是本朝正史(国史),从史料的积累、编次,撰写初稿,直到完成纪、志、传俱备的全书,有一个完整的系统:❶

```
A ──→
       D ──→ E ──→ F
B/C ──→
```

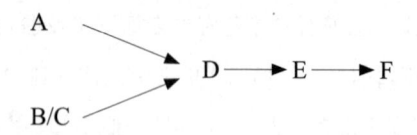

A.起居注

(编年体。皇帝视朝、行幸、经筵时的言行举止,起居院/记注案记录,或臣僚百司按规定报送)

B.时政记

(编年体。中书省、枢密院宰辅记录的军国大事,二府的档案材料,事关二府的章疏表奏,送时政记房编撰)

C.日录

(编年体。其他大臣记录的君臣奏对、朝廷政事)

---

❶ 蔡崇榜:《宋代修史制度研究》,第5页。

D. 日历

（编年体。日历所根据起居注、时政记、百司文字、臣僚墓志行状编撰）

E. 实录

（编年体。以日历为基础，参取前代史官积累的记注及玉牒等书、百司案牍、私家记录）

F. 国史

（纪传体。又名正史，以实录为基础，参取各类官私文书、记录）

这一套官方修史制度继承自唐代。不过，自唐中叶至宋代，修史的中心史料，据说发生了一个极大的转变：唐中叶以前，主要依靠"起居注"即左右史记录的皇帝言行，此后至宋代，起居注官员无法列席机密的决策场合，因此，宰辅记录军国大政的"时政记"，其他中央高官的政治备忘录式的"日记"，便占据了关键地位。时政记和日记都以编年形式记录当事人同皇帝的对话、宰辅间的争论，以及当时的重要政治事件，往往十分生动具体。本来，官修史书对历史的记载，往往只保存事件概要和政策内容等"主干"，反映政治家、政治集团的政治行动及决策过程的"枝梢末节"都被剔除。❶探讨北宋特别是熙宁时代的"政治辩论"成为可能，首先应归功于宋人修史比较充分地利用了时政记和日记这类史料。

然而，问题的另一面是，时政记和日记更容易受编撰者的

---

❶ 平田茂树：《宋代政治结构研究》，第190—223页。

政治立场及其他主观因素的影响。王安石负责修实录,他看了仁英两朝宰辅赵概的《日录》,对神宗抱怨,赵概记录的对谈和辩论(大概是在"濮议"问题上),体现出明显的私人好恶:

> 如韩琦言语,即无一句。岂是韩琦都不语?如欧阳修言语,于传布不便者,所录甚多。……乃知概非长者也。[1]

北宋晚期另一争议很大的政治人物——曾布的《日录》,据说也有刻意修饰甚至编造的嫌疑,"对上之语,多持两端,又辄增损"。[2]当然,最著名的例子,就是编修神宗朝的实录和国史时,先后上台的新旧两党,采用各自的材料,一方"多取司马光《涑水记闻》",另一方"尽取王荆公《日录》无遗",成了北宋党争的是非焦点之一。在反新法派看来,王安石的《熙宁奏对日录》是一部"诋诬之史",荆公作此书,是为了掩饰自己的政治错误,美化自己的历史形象,把过错全推给神宗。于是,他"造神考(神宗)之言","撰对上之辞",[3]"托圣训以薄君父"[4]……总之:

> 安石所欲建立,所欲排陷,必造神考圣训,欲以文饰

---

[1] 陈瓘:《四明尊尧集》卷8。
[2] 晁公武:《郡斋读书志校证》卷6《曾相手记》,第269页。
[3] 李焘:《续资治通鉴长编》卷232,熙宁五年四月丙子。
[4] 李焘:《续资治通鉴长编》卷242,熙宁六年二月壬寅。

前非，归过宗庙，其言其事，不可以一二数也。❶

然而，现代研究者判断，王安石的《日录》大抵是一种纪实，也许经过蔡卞等人的删减，但污蔑他出于种种政治动机捏造了君臣对话记录，则源于党派偏见，并无根据。❷ 如果说《日录》有什么问题，那么大概同前面讨论过的司马光《手录》《奏对录》类似，就是主要展现有利于自己一方的言论和结果，将对手置于某种被动的对话语境，或干脆把对话改编成独白。这不难理解。"时政记"和"日记"都是事后追记，客观上讲，缺少记录设备和速记技术，一切"当日君臣对面反复之语"，最终必然以筛选、凝缩、删减的形式呈现；主观上讲，个体对信息的接收和输出是十分微妙的："目击者对现场的印象会在事件过后变淡，但在讲述事件经过时又会习惯性地添油加醋。他一心以为自己是在叙述事件原本的始末，可实际上他讲的是经过自己改造后的版本。"❸ 即便撇开政治动机，当事人的思维定式和情感态度都会成为刚发生的事件和对话的过滤器，下意识地造成一幅主观的图景，然后记述下来，成为一种再现（representation）。

当然，(B) 时政记和(C) 日记只是修史的预备材料，还不

---

❶ 李焘：《续资治通鉴长编》卷250，熙宁七年二月壬申。
❷ 孔学：《王安石〈日录〉与〈神宗实录〉》。又孔学：《王安石日录辑校》，绪言，第1—21页。
❸ 李普曼：《舆论》，第65—66页。

是完全意义上的"史"(D、E、F)。素材的主观性和多样性越强,越能展现历史的复调性,本是好事,但有一个前提——史家能以"历史的"、相对客观的方式来处理这些素材。可惜,对于宋代编修官私史书来说,党派立场、政治权力产生了更严重、更系统的干扰。各大政治集团深知奥威尔(G. Orwell)讲的"谁控制了过去,谁就控制了未来"的道理,所以他们要用"谁控制了现在,谁就控制了过去"的优势,"订正旧史,以明国论",[1]改写历史,为现实政治张目。结果,"国史凡几修,是非凡几易。"[2]

这其中,最典型的正是元祐以后为神宗朝编修的《日历》《实录》《正史》等书。一部《熙宁日历》,先由黄庭坚、司马康、范祖禹等旧党编修,后由蔡卞、林希等新党"看详改正",直到宋徽宗时期都还没定稿。[3]一部《神宗实录》,也根据对待王安石变法的态度,根据政治势力的消长而争论不休,反反复复竟修了5次:《神宗实录》开始修纂,正值元祐更化,司马光、吕公著先后负责监修,史官也对王安石和新法大加诋毁。王安石的门生陆佃调入史局,同范祖禹、黄庭坚屡屡发生争执。黄庭坚说:"如公言,盖佞史也!"陆佃反唇相讥:"尽用君意,岂非谤书乎!"[4]是为第一次。绍圣元年(1094),新法派

---

[1] 李心传:《建炎以来系年要录》卷121,绍兴八年八月壬午。
[2] 周密:《齐东野语》,自序,第9页。
[3] 蔡崇榜:《宋代修史制度研究》,第42页。
[4] 《宋史·陆佃传》。

东山再起，攻击元祐本《神宗实录》"刊落事迹，变乱美恶"，不但追究元祐史官的责任，还增入对新法派有利的史料和评论，删除不利的文字，以朱、墨、黄三色，标记旧本底子上的新修、旧文和删削（后世称"朱墨本"），是为第二次。❶ 宋徽宗即位，一度推行调停党争的政策，打算重修《神宗实录》，未几而辍，是为第三次。宋室南渡以后，绍兴四年（1134），高宗让范冲（范祖禹之子）等人重修《神宗实录》。当时的政治气氛是"天下之乱，实兆于安石"，将北宋覆亡的祸根追溯至熙宁变法，重修的基调就是偏袒旧党，是为第四次。绍兴六年（1136）以后，张浚、赵鼎两派斗争激烈，反道学的势力抬头，又翻出《神宗实录》加以重修，实际上只做了一些补缀遗漏的工作，是为第五次，也是最末一次。❷

实际上，自《神宗实录》绍兴四修本以后，对王安石"强辩""奸邪"等不公正评价已经定型，先后被各种官私史书采纳。《四朝国史》的神宗朝部分，便根据四修本大肆诋毁荆公和新法派，"大意止是尽书王安石过失"。❸ 残存至今的《王安石传论》片段，就痛斥王安石：

---

❶ 另一种说法以元祐初修《神宗实录》为"墨本"，绍圣重修为"朱本"，二者合称"朱墨本"或"朱墨史"，见张延和：《〈宋神宗实录〉"朱墨本"发微》。
❷《神宗实录》的修纂始末，见蔡崇榜：《宋代修史制度研究》，第82—98页。又见吴振清：《北宋〈神宗实录〉五修始末》，胡昭曦：《〈宋神宗实录〉朱墨本辑佚简论》。
❸ 蔡崇榜：《宋代修史制度研究》，第137页。

> 安石谓:"天变不足畏,祖宗不足法,人言不足恤。"虽少正卯言伪而辩,行僻而坚,王莽以六经文奸言,不是过也! ❶

《神宗实录》的各种版本,今已亡佚,王安石《日录》、司马光《日记》等等,也大都散佚了。要考察熙宁年间的政治辩论,不得不参考李焘的《续资治通鉴长编》。《长编》的神宗朝部分参照了元祐、绍圣、绍兴三种《神宗实录》,记载分歧、褒贬不一的地方,李焘在注文中或详加考辨,或具存异文,加以解释。他对王安石变法持否定态度,在修《长编》时明显袒护元祐本、绍兴本《实录》,质疑批判绍圣本。但是,为向后世原原本本展示王安石等人"变更法度,厉阶可鉴"的"真相",李焘还是大量抄录了包括王安石《日录》在内的各家史料并加以辨析。❷

李焘肯定无意于展现政治过程中那些特别有利于新法派的图景,但是,为了呈现"厉阶"的细节或凸显王安石等人的"强辩",《长编》对围绕新法的各种君臣对答、争辩、议论做了相当详尽的搜集记录,甚至没有回避一些反新法派的尴尬情形(如章惇驳司马光论役法)。这就起到了某种中和

---

❶ 王恽:《玉堂嘉话》卷4,第108页。
❷ 李华瑞:《王安石变法研究史》第五章《李焘笔下的王安石变法》,第114—149页。林鹄:《忧患:边事、党争与北宋政治》第九章《反对派李焘如何书写王安石》,第297—310页。

(neutralization)效果。如果说，宋人修史大量参考时政记和日记，为研究熙宁年间的政治辩论及其背后的思想结构准备了可能性，那么，《续资治通鉴长编》就为之准备了现实条件。如果今日唯独元祐本《神宗实录》存世，或者，李焘效法温公《通鉴》将《长编》删定成书，或许王安石和新法派的辩论形象还要更加糟糕。

五、一个小结

总之，也许反新法派——像他们自己坦承的那样——"才辩诚有不及狡狯之人"，也许一部分历史书写美化了那些"善辩"的反新法派人物，贬低或扭曲了"强辩"的新法派人物，但不可否认，双方围绕新法的政治辩论是十分激烈的，并未从一开始就出现一方势如破竹而一方万马齐喑的局面。新法派回顾新法推行的历史时说：

> 群谤万端而无穷，圣虑一志而不惑；争之积日而才定，勤以累年而粗成。❶

然则熙宁年间新法派在政治上的胜利，首先是政治辩论的胜利吗？或者说，反新法派退出政治舞台的中心，是辩论惨败的结果吗？从历史的表相看，似乎如此，从历史的本相看，绝

---

❶ 李焘：《续资治通鉴长编》卷278，熙宁九年十月辛亥。

非如此而已。仅仅因为要凸显"强辩"的政治史意蕴而将复杂的历史过程简单化、漫画化，自然不可信。

"强辩"尽管属于一种辨识度高的行为特征，这里却不是在"先赋性因素"的意义上，而是在政治的意义上讨论这种行为。思维敏捷、口齿伶俐，作为某种天赋，在一般人群中，特别是在按照统一的选官制度提拔上来的官员群体中，分布必然是不规律的、随机的。有的人天生就能言善辩，有的人天生就不太能言善辩。但是，就特定的政治家或政治集团而言，善辩论是思维、理念、学识、表达能力和行政才干等一系列素质的综合体现，像"细腰"一样，是被选择的、可塑的、可模仿的。

以王安石为首的新法派在政治辩论中咄咄逼人，颇有优势，由此被不甘的对手斥为"强辩""利口""轻肆""猖狂""狡狯"……其实是多个因素共同形塑的特殊历史现象。前几章讨论过，这些关键的因素包括：皇权偏好、个体性格、辩论技巧、制度激励、权力网络、行政作风，等等；另一方面，这类污名化标签，也反映了新法反对者感到自身作为士大夫拥有的平等话语权、自身的政治理念遭到否定的挫败、焦虑、怨恨和自我安慰心理。从"强辩"出发，或许有助于对熙丰政治的某些特征做一点别样的观察和思考。至少，熙宁以前、元祐以后的党争政争，从来不指责政敌"强辩"；同样诬蔑政敌是"少正卯"，反新法派对新法派强调的是"辩诈"，反道学派对道学家强调的则是"伪善"。

王安石自己说过："若欲以笔札条对，求治民之材，臣恐不必得治材之实，但得能文辞谈说者尔。"❶我们也不认为，新法派官员徒善"文辞谈说"而缺乏"治材之实"。王安石及其追随者在政治辩论上的成功，还有另一个关键因素——在一开始，他们便具备相对清晰、系统、可行的政治纲领和政策组合，这恰是新法反对派的最大缺陷。用吕思勉先生的话说就是：

> 新党的所长，在于看透社会之有病而当改革，而且有改革的方案；而其所短，则在于徒见改革之利，而不措意于因改革所生之弊。旧党攻击改革所生之弊，是矣，然而只是对人攻击，而自己绝无正面的主张，然则当时的政治是好了，不需改革了么？明知其不好，亦只得听其自然了么？我们倘使提出这个问题来，旧党亦将无以为对。❷

既然如此，那么，最后的问题就是：现代民主政治的"议会论战"，确实也很激烈，然而辩论是形成国家统一意志的一个重要环节。宋代政治过程中的信息沟通和意见表达，至少在统治阶级内部，可以说也相当充分。在宋仁宗以来"世之名士常患法之不变"的大气候下，熙丰时期的君主、新法派和反新法派，为什么不能通过充分的讨论，"都俞吁咈"，彼此接近，

---

❶ 王安石：《看详杂议》，《王安石文集》，第1090页。
❷ 吕思勉：《中国政治思想史》，第93页。

达成某种必不可少的共识，合力推动改革成功，反而离真理和善治越来越远，加速滑向深渊？这个结局是否也取决于同样一些因素，比如，皇权、性格、制度……，又或者是另外一些更根本原因？

第六章　天何言哉

一、卖果实与华山崩

熙宁五年（1072），又一个多事之秋，不仅西北、北方边境上战事、纠纷不断，市易法的推出，也将新法派和反新法派的斗争推向新一轮高潮。

当年九月二十一日，陕西华州界内少华山脚下的阜头谷，发生了一起真正意义上惊天动地的大事。当地人回忆，好几年前，阜头谷的深处开始出现云雾笼罩，一遇到狂风暴雨的恶劣天气，谷中居民常常听到奇怪的声响。深山里的豺狼虎豹、野猪兔子，也经常窜出来，仿佛在逃避什么可怕的东西。❶

二十一日这天，天气晴朗，无风无雨，毫无灾难即将降临的征兆。然而就在黄昏时分，一团浓雾悄然从两侧山岭涌出，趁着夜色弥漫整座山谷，紧接着，轰隆隆的巨响一声比一声急促，甚至传出百里开外，谷地也开始剧烈震动，片刻之后，山体崩塌，最靠近山崖的两个小村落——胡村和岳村，霎时间就被土石吞没……

---

❶ 邵博：《邵氏闻见后录》卷30，第278页。

华州知州吕大防提交的灾情报告说:

> 少华山前阜头谷,山岭摧陷。其下平地东西五里、南北十里,溃散坟裂,涌起堆阜,各高数丈,长若堤岸,至陷居民六社,凡数百户,林木庐舍亦无存者。❶

这起多半由地震引发的山崩事件,遇难者近千人。遥遥相望的西岳太华山(封金天顺圣帝)的神庙,"门户皆震动,钟鼓成声"。❷朝廷不仅紧急派官员专程祭祀西岳,派宦官前往当地抚恤灾民,建水陆道场超度无辜亡魂,最后还在废墟上修了一座宁山禅院,"为压死人祈福"。❸

山崩过去了十来天,早朝后,王安石留身,神宗对他说了一句:

> 文彦博称,市易司不当差官自卖果实,致华州山崩。❹

如今,已经很难想象,皇帝说话时的语气究竟是讥讽,还是沉痛,毕竟,东京城内南北大街边上出售的瓜果,导致近千人罹难、更多人流离失所的灾难,二者实在显得反差太大。

---

❶ 李焘:《续资治通鉴长编》卷239,熙宁五年十月戊寅。
❷ 佚名:《道山清话》,《全宋笔记》第2编第1册,第111页。
❸ 李焘:《续资治通鉴长编》卷260,熙宁八年二月戊辰。
❹ 李焘:《续资治通鉴长编》卷239,熙宁五年十月丁亥。

就是这年的春天,市易新法开始推行,朝廷在京师和州郡设立市易务,用官钱买卖商品,打击富商把持行市,平准物价。不过,市易务设立后,不断扩大经营范围,甚至干预商品零售。于是,这个机构"卖梳朴,梳朴贵;卖芝麻,芝麻贵"的怨言,就在京城内传开了。文彦博对神宗检举,自己去相国寺行香时,亲眼看到市易务在御街东廊辟出几十间摊位,买卖瓜果,赚取差价,这个地方"密迩都亭,虏使(辽使)所馆",让契丹人看到了岂不贻笑大方。[1]这次,他又借山崩这一灾异,再次攻击新法。王安石回答:

> 华州山崩,臣不知天意为何。若有意,必为小人(指反新法派)发,不为君子。

他接着说,东汉元帝时发生日食,皇帝身边的奸佞史高、弘恭、石显,贤臣萧望之等人,双方互相指责,都认为对方要对天变承担罪责。其实,"天意不可知,如望之等所为,亦不必合天意。然天若有意,必当怼望之等,怒恭、显之徒"。神宗似乎觉得有道理,"上因叹人臣多不忠信"。王安石从不放过任何一个机会,他进而指出,历史上凡出现臣下"交相非毁忿争"的时代,君主都很不称职,"此事,陛下但当自反而已!"[2]

经过一番"强辩",反新法派借山崩灾异对新法的攻击,

---

[1] 文彦博:《言市易一》,《文彦博集校注》,第669页。
[2] 李焘:《续资治通鉴长编》卷239,熙宁五年十月丁亥。

被硬生生转换为反新法派（小人）和皇帝自身犹豫动摇的问题。

据说，王安石变法有三大"精神支柱"：天变不足畏，人言不足恤，祖宗不足法。❶今天已经清楚，王安石并没有亲口说过这些话。"三不足"的说法，最初来自熙宁二年（1069）苏轼在《拟进士对御试策》中对王安石的指责，司马光、范镇、刘安世等人接力扩散，无非党同伐异的传言；即使王安石的某些言论和行事蕴含了"三不足"精神，现在看来更不足为罪。❷

"三不足"之首，就是天变不足畏。王安石之所以能断然否认新法和天变（山崩、地震或者星变、水旱）之间存在任何本质性关联，既与他本人的政治观念有关，也同当时思想的大气候有关，也就是学者说的"天人关系动摇期"或"政治神学危机"。

二、政治神学危机

自西周以来，"天"，不管是一尊人格神，还是一道神秘的自然法则，从来都是历代王朝的政治正当性的终极证明。❸政治正当性（legitimacy），追问的是政治秩序的道德基础，因为统治者无法纯靠强制或暴力来实现长久而有效的支配，必须从

---

❶ 邓广铭：《北宋政治改革家王安石》，第92—111页。
❷ 李华瑞：《王安石变法研究史》，第509—515页。
❸ 古代政治思想中各种意义上的"天"，可简单参见张铉根：《观念的变迁：中国古代政治思想的演变》，第13—56页。

道德上证明他的权力来源和行使皆属正当，让被统治者愿意接受统治秩序。这就涉及：第一，被统治者应当服从什么样的权威？第二，什么样的统治是好的统治？前一个是"政道"的问题，后一个是"治道"的问题。❶

在古代中国，这两种正当性，都靠天和天的意志——"天命"来证明。一方面，天命将新王朝的创业加以正当化。即使一个政权是通过血腥的暴力，通过"放弑"前朝君主而建立的，但既成事实毕竟说明"天命有德""天与人归"。另一方面，新王朝一旦建立，日常统治是否良好，也要靠天来最终确认，通常表现为君主统治下风调雨顺、五谷丰登，甚至祥瑞叠见。从这两种"肯定的正当性"，派生出两种"否定的正当性"，用萧公权先生的话说：

> 天权对君权之限制有二：一曰予夺国祚，二曰监督政事。前者为革命受命之理论，后者为灾异谴告之理论。❷

换言之，在统治失范的情形下，大则"天讨有罪"，朝代更替，小则天降灾异，警示君主。儒家发明出这一套意识形态，希望借助天的权威，对君主形成某种道义上的威慑，将权力限制在道德规范内。不过，汉魏以后，"革命""放弑""诛一夫"

---

❶ "政道"和"治道"的区分，见石元康：《天命与正当性：从韦伯的分类看儒家的政道》。
❷ 萧公权：《中国政治思想史》，第259页。

第六章 天何言哉 / 171

不大敢讲了，以天人感应为基础的"天谴论"却在政治言论中频繁出现。一旦君主的德行或政策引发社会不满，即将导致政治动荡，那么就会：

> 天出灾异以谴告之。谴告之而不知变，乃见怪异以惊骇之。惊骇之尚不知畏恐，其殃咎乃至。❶

愤怒的天降下何种灾异，日食、彗星、地震、水旱、冰冻、大火、飞蝗……绝不是随机的，而是遵循阴阳五行，"以类相召"的原理，对应不同的人事。❷汉儒甚至设计出一套诡异的分类体系和对应规则。按照《洪范五行传》，火类的灾异，警告君主有弃法律、逐功臣、杀太子、以妾为妻等恶行；水类的灾异，警告君主有简宗庙、不祷祠、废祭祀、逆天时等恶行，复杂而微妙。❸

汉代儒学的天谴论，流行了一千多年，期间不是没有经历过危机。最严重的一次是在东汉末年。天人感应、天谴灾异，有一大内在的缺陷，就是把自然现象（实然）当作人类能够通过自主意志加以选择和控制的"应然"：灾异因乱政而感召，因修省而转变。然而，东汉末年据说遇上了太阳黑子衰变期，强度是前后一千年的最小值，自然灾异频频发生。无论君臣如

---

❶《春秋繁露·必仁且智》。
❷ 刘泽华：《中国政治思想史（修订版）·秦汉魏晋南北朝卷》，第91—94页。
❸ 陈侃理：《儒学、数术与政治：灾异的政治文化史》，第68—78页。

何"恐惧""祈禳",都只会得到一次又一次降灾警告,感觉仿佛被上天抛弃。结果就是儒学意识形态的式微和老庄、佛教的大行其道。[1]

但是,天谴论在王安石生活的时代陷入了更大的危机,这并不是灾异频发超过临界值导致的,而是唐代以来天文知识与儒学思想不断发展的自然结果。[2] 不止天谴论,据说,理性主义色彩浓厚的宋代儒学,对传统政治文化做了一番彻底的清算,包括德运、谶纬、封禅、神玺在内的一系列带有神秘意涵的观念、仪式和符号,纷纷遭到知识精英的质疑或否定,不再具有之前的权威性。[3]

最激进的反天谴论,早在中唐就出现了,以柳宗元、刘禹锡为代表,就是回到先秦诸子的自然物理之天。在柳宗元看来,"天"无非是大点的"果蓏",一样由元气构成,哪有什么主宰、人格、喜怒哀乐?国家兴亡,吉凶祸福,不由天而由人,统归于仁义之道。这种观念在宋代也很有影响,宋人有以为"天命决不可知"的,有以为"人自人,天自天,天人不相

---

[1] 金观涛、刘青峰:《中国现代思想的起源:超稳定结构与中国政治文化的演变(第一卷)》,第58—60页。
[2] 宋代"天命观"的新变,详见刘复生:《北宋中期儒学复兴运动(增订本)》申论二《宋代"天命观"的嬗变与新"天命"的确立》;小岛毅:《宋代天谴论的政治理念》;陈侃理:《儒学、数术与政治:灾异的政治文化史》,第259—304页;汪晖:《现代中国思想的兴起(上卷 第一部 理与物)》,第185—186页。
[3] 刘浦江:《"五德终始"说之终结——兼论宋代以降传统政治文化的嬗变》。

与"的，有以为"灾异皆有常数"，无关政事的。❶这些言论不再只是一两个先锋派思想家的沉思，而是出现在政治议论中，呈现出一幅多元、复杂的争鸣图景。随着天的去道德化、去政治化，天谴论，连同它的基础天人感应论，"保证汉以来经历一千多年的王朝基础安泰的理论，王朝统治的最高意识形态"，似乎面临崩溃的危机。❷

此时，也出现了温和的、有建设性意向的立场，就是接受天人感应的前提，但否定"天谴事应说"，即灾异和人事的简单机械对应（一事一应）。宋人认为，灾异的分类体系和对应规则，纯属牵强附会，经不起深究。在经学家赵鹏飞看来，汉儒汲汲于匹配每一种灾异和人事，不但繁琐，还很荒谬。例如形形色色的"虫灾"，要是有一百种政事出了岔子，莫非上天要费心驱使一百种害虫来向人君示警？这不是敬天，而是侮天：

> 指一事以应天灾，何天之不广，屑屑于一二事而致灾也！若百度皆不举，则百虫蠢动，尽驱而出之，以应人君之失，然后为应邪！❸

他提出，最好将灾异解读为上天敦促君主完善德行、修明

---

❶ 刘复生：《北宋中期儒学复兴运动（增订本）》申论二《宋代"天命观"的嬗变与新"天命"的确立》，第322—323页。
❷ 沟口雄三：《中国的思维世界》，第18页。
❸ 赵鹏飞《春秋经筌》卷1隐公五年"螟"条。

政治的重大契机:"圣人书虫螟之异,凡以为民而警惧人君也。君人者宜修德以弭之。"温和的批评派一方面承认灾异是"阴阳常数",是自然现象,具有独立的运行法则,另一方面又要求皇帝拿出恐惧戒慎的诚恳姿态,清理政治上的弊端。元祐四年(1089),相继发生了干旱、地震、星殒,谏官刘安世对高后和哲宗说,天变和人事,肯定存在一种富于伦理意义的感应关联,但这种关联是通过"阴阳之理"为基础媒介的,最终指向君主个人的作为——修省:

> 臣闻天人之际,精祲有以相荡,善恶有以相推者,事作乎下,象动乎上。阴阳之理,各应其感,阴变则静者动,阳蔽则明者掩。水旱灾异,谴告警惧,使之兢兢修省,而不至于失道之败也。

所以,他期待君主能"夙夜祗畏,侧身修行",垂听舆论,抚恤灾伤,减损工役,"以陛下之明圣,发以至诚,以精意感通,何求弗获?"❶

宋儒剥除旧式"天谴论"的交感巫术(sympathetic magic)色彩,试图在天命和现实政治之间找出一种更合理的媒介。最终,程朱理学摸索到了"天理"——贯穿天和人、自然和社会的普遍性、内在性道德法则。它既超越个体,植根于宇宙秩序,又内在于个体,植根于每个人的本性,所以能够通过系统

---

❶ 李焘:《续资治通鉴长编》卷424,元祐四年三月己亥。

的正心、修身来体认,"自天子以至于庶人,壹是皆以修身为本"(《大学》)。在理学家的政治理想中,灾异不是关键,首要任务是确保皇帝在儒家士大夫的看护下不断完善道德修养和执政能力,"成就君德"。于是,汉魏以来盛行的"天谴论"在宋代接连完成了两次蜕变:由"天谴事应"到"天谴修德",再到"天理修德"(见表2)。由此,政治神学的危机得到"克服",天命观在新的基础上得到"重建"。❶

表2 "天谴论"之嬗变

1. 天谴事应	汉唐儒学	灾异和人事存在明确、个别、有限的对应关系及化解方案
2. 天谴修德	北宋儒学	灾异警告君主要正心诚意修德,化解灾异
3. 天理修德	程朱理学	君主应不懈进行道德实践,顺应贯通天人的道德法则(天理)

当然,以上只是一种极为简单化的勾勒。更新的研究指出,在相当于上图的2、3阶段中,宋代大多数士大夫在天人毕竟相关的基本共识之下,对灾异的解读呈现出丰富、多元甚至混乱的面向:他们往往灵活运用五行事应论、阴阳事应论、天意不可知论、灾异常数论、天人一气感应论等不同思想资源,来针对具体的时政提出谏言。所以,尽管理学家后来发明了"天理"之天来减弱天的人格神色彩,但在灾异意指的解释层面上,

---

❶ 沟口雄三:《中国的思维世界》,第13—64页。

"事应说"并未彻底退出，而是以一种十分含糊的形式在政治话语中顽强地延续了下来，小心翼翼地避免了滑向彻底消解灾异之政治意义的"天人相分"论。由此，传统思想在理学主导下走出了政治神学危机，成功维系了天人合一和灾异政治论。❶

三、荆公说天变

在天命观"从危机到重建"的演化脉络中，熙宁时代大致位于中间阶段。当时的王安石、神宗和反新法派如何看待天命和天谴？

王安石并没有彻底否定抽象的天命、天人合一。他承认，天是人类道德和社会政治活动的终极根源，如果傲慢地认为"彼苍苍而大者何也？其去吾不知其几千万里，是岂能如我何哉？吾为吾之所为而已，安取彼？"结局只能是"弃道德，离仁义，略分守，慢形名，忽因任，而忘原省，直信吾之是非，而加人以其赏罚。于是天下始大乱，而寡弱者号无告"。❷

是故，王安石既反对机械的"天谴事应说"，即认为"天有是变，必由我有是罪以致之"，又反对激进的"天人不相与"，即认为"灾异自天事耳，何豫于我？"他主张，君主面对灾异，仍需心存敬畏，检视政事上可能的失误，努力修人事以答天变，这一点同北宋的主流思想没有本质区别：

---

❶ 刘力耘：《政治与思想语境中的宋代〈尚书〉学》，第154—190页。
❷ 王安石：《九变而赏罚可言》，《王安石文集》，第1161—1162页。

> 人君,固辅相天地以理万物者也。天地万物不得其常,则恐惧修省,固亦其宜也。
>
> 今或以为:天有是变,必由我有是罪以致之;或以为:灾异自天事耳,何豫于我?我知修人事而已。盖由前之说,则蔽而葸;由后之说,则固而怠。
>
> 不蔽不葸,不固不怠者,亦以天变为己惧,不曰:"天之有某变,必以我为某事而至也",亦以天下之正理,考吾之失而已矣。[1]

不过,这段议论还有些许新意:尽管有天变示警,但消弭天变的指导性原则并不直接来自天命,而是"天下之正理"。君主要靠自觉,修明心术来把握"正理",这就容易滑向"天变不足畏",取消了皇权的客观制约。后来,程朱理学的"天理修德",正是给荆公的"理"重新套上神性的枷锁——"天",为约束君主重新找到了一种外在的、客观的标准。[2]

天命观在"天理"的基础上得以恢复,在政治哲学上价值几何,留待下节再论。至少,学者指出,熙宁时代紊乱的天命观极大影响了政治过程。据说,面对天变灾异,神宗和荆公在天道自然观和天人感应说之间摇摆不定,这给了反新法派大肆

---

[1] 王安石:《洪范传》,《王安石文集》,第1137—1138页。标点略有更动。
[2] 陈侃理:《儒学、数术与政治:灾异的政治文化史》,第284—291页。

利用天变攻击新法的机会，致使变法陷入困境，最终失败。❶
这个说法有一定道理。

在政治辩论中，王安石究竟如何回应天变灾异，为新法辩护？

灾异、人事一一对应的"天谴事应说"，在宋代失去了智识上的吸引力和权威性。因此，反新法派再借口灾异否定某一项新法，"指一事以应天灾"，变得明显缺乏说服力。"市易司不当差官自卖果实，致华州山崩"，或许文彦博真这么说过，又或许他其实谴责了一揽子新法，王安石写《日录》时故意只突出某一点，显得对手格外幼稚可笑。正如王安石说的，天意可不可知先不说，反正不为果实发。

即便反新法派不纠结于个别政策，要求君-相从整体上对灾异和政事负责，否定宋神宗"大有为"的总路线，"天谴修德"固有的含糊性仍然为王安石提供了腾挪的空间。熙宁七年（1074）春，久旱不雨，神宗忧心忡忡，据说很想"尽罢保甲、方田等事"：

> 王安石曰："水旱常数，尧汤所不免。陛下即位以来，累年丰稔。今旱暵虽逢，但当益修人事，以应天灾，不足贻圣虑耳。"

---

❶ 张建民：《天变灾异与熙宁变法》。小岛毅的《宋代天谴论的政治理念》也认为，王安石在天人感应和自然天道说之间，根据实际具体情况摇摆。

上曰："此岂细故？朕今所以恐惧如此者，正为人事有所未修也！"[1]

这段对话常被拿来说明神宗在传统信仰和反对压力下犹豫动摇的心理。不过，这里要指出，荆公、神宗、反新法派，表面上都认可要以"修人事"应对灾异，他们各自理解的"人事"却非常不同，甚至相悖：在反新法派看来，修人事等于尽废新法；在神宗看来，修人事，至少是纠正部分新法的弊端；在荆公看来，"益修人事"则是要义无反顾地继续推行新法。这不能不说是宋人取消了"事应"原有的明确性、特殊性，加重了"修德"的模糊性、主观性的必然结果。

何况，在政治斗争中，天变灾异的阐释权从来都是争夺的把柄，汉元帝时萧望之、周堪和弘恭、石显之争就很典型。在熙宁时期政治极化、党争激烈的局面下，双方都认为自己占据了道德制高点，自诩"君子"，斥敌"小人"，将本就泛化了的"天谴"工具化，将天变灾异的责任推给对方，愈加顺理成章。王安石对神宗说，天若有意，"必为小人发，不为君子"，上天通过灾异谴责的，不是新法，而是破坏新法的奸邪。如此一来，"天谴"本来具有的一点调整政治、规范皇权的功能，反倒成为政治过程的一项干扰因素，或者增强了君主独断的权力。

最后，围绕"天命"的政治攻防的终极手段，就是激进的天道自然观。熙宁八年（1075）冬十月，发生了彗星掠过东边

---

[1] 李焘：《续资治通鉴长编》卷252，熙宁七年四月己巳。

天际的异变。神宗下诏，减常膳、开言路、修政事。王安石却告诉神宗，上古圣王虽也任命占卜官，实际上只在意人事，因为天道运行遥不可知，变化无穷，天象和人事的所谓关联，有时候纯粹是偶然的巧合，并不可信：

> 盖天道远，先王虽有官占，而所信者人事而已。天文之变无穷，人事之变无已，上下傅会，或远或近，岂无偶合？此其所以不足信也！❶

其实，在绝大多数情形下，以荆公的手段，无须亮出天道自然观这张底牌，一样能够造成"天变不足畏"的客观结果。事实上，这些手段，无一不源于宋代"天命观"的内在缺陷。

四、失败的重建

简单来说，中国古代政治哲学中的"天命观"，沟通了形而上的宇宙秩序和形而下的世俗秩序，肩负双重功能：一是权力正当化，为皇权披上一层神圣的外衣；二是权力规范化，以一种至高的道德权威来制约皇权。所以，富弼一听说王安石"蛊惑"神宗相信天变不足畏，就惊呼：

---

❶ 李焘：《续资治通鉴长编》卷269，熙宁八年十月戊戌。

> 人君所畏惟天，若不畏天，何事不可为者？去乱亡无几矣。此必奸人欲进邪说，故先导上以无所畏，使辅拂谏争之臣，无所施其力。此治乱之机也。吾不可以不速救！ ❶

正是通过这种辩证的二重性，天命观为君主官僚制提供了一种必不可少的调节机制，并延续了数千年，演化出不同的变体——"天谴事应""天谴修德""天理修德"。

问题在于，据说渡过了"政治神学危机"的天命观，究竟还能不能顺利承担原先那些功能？

从理论上讲，天命谴告的政治观念在宋代经历了祛魅——机械的"天谴事应"遭到否定，转变为"天谴修德""天理修德"。这等于说，理性主义儒学把"巫术的天命"从前门赶了出去，让它改头换面，变成"道德的天命"，再从后门重新请进来。然而，经过这样一番操作，本来还残存着某些神秘意味的天命，便难以再引起普遍的敬畏感。学者一语中的："宋学的理性主义揭开天人关系的神秘面纱后，对灾异论的信仰便不可能保持虔诚。"❷ 当然，古代政治家对天命、灾异的"信仰"，本就常常带有工具主义、机会主义的色彩，宋人这番拆洗，有点像压垮骆驼的最后一根稻草。

---

❶ 苏轼：《富郑公神道碑》，《苏轼文集》，第534页。王瑞来：《宋宰辅编年录校补》第2册，第380—381页。
❷ 陈侃理：《儒学、数术与政治：灾异的政治文化史》，第296页。

不仅如此。天命谴告原本就仅仅指向特定的局势、事件，或统治集团的几个替罪羊，从来不指向整体的制度变革。把天命观的内核置换成君主"修德"，连原来那点具体责任也变得模糊了起来。苏轼告诉高后和哲宗：

> 水旱虽天数，然人君修德，可以转灾为福。故宋景公一言，荧惑退三舍。❶

这话说得未免轻松。沟口雄三认为，"天谴修德"取消一事一应，提倡君主以正心修德来应答天谴，等于要求君主对广泛的人事承担"无限"的政治责任，应当视为一种进步。❷可实际情况和他说的可能很不一样："无限责任"容易蜕化变质，变成"无具体责任"，最后变成实质上的"无责任"，皇权从此获得更大的解脱。

咸平四年（1001），西北边境多次地震，司天监也观测到星象异常——"荧惑犯舆鬼"，这预示西北地区还会有坏消息。宋真宗和枢密院官员商议，边境军区要提高警惕，谨慎对待。然后，他们有这样一番对答：

> 上（真宗）语近臣曰："上天垂象示戒，惟虑不知。今既知之，可不恐惧修省？"

---

❶ 李焘：《续资治通鉴长编》卷414，元祐三年九月戊申。
❷ 沟口雄三：《中国的思维世界》，第22—24页。

> 知枢密院王继英曰:"妖不胜德!"
>
> 上曰:"朕何德可恃?"
>
> 同知枢密院陈尧叟曰:"天文谪见,实欲昭示时君。楚庄王惧无灾政,恐其获罪于天,弗容自警耳。今陛下克己爱民,常虑一物失所,河防十余溢而不决,岁复大稔,此圣德格天所致也!"
>
> 上曰:"天不欲困生灵耳,岂朕德能感之!"[1]

如果"妖不胜德"这类说辞足够用来为君主开脱,灾异到底还有什么约束力量,或者说,"德"还有什么实质内涵呢?这种天命观,比之前任何一种形态,都更容易导致"最高政治权力的握有者的政治言行更带有主观随意性,而一般政治参与者的活动则容易表现出明显的投机性"。[2]

那么,把天命观的内核再次置换成"天理"——程朱理学"自家体贴出来"的抽象价值,能不能算一种比"修德"更成功的建构呢?

有人认为,向"天理"转变,只在道德哲学上有价值,它为确立人的主体性找到了一种内外贯通的形而上学支撑。[3] 当然,也有人认为,儒学的本旨是直指个体道德自觉的心性之

---

[1] 李焘:《续资治通鉴长编》卷49,咸平四年十月己亥。
[2] 王子今:《权力的黑光》,第58页。"为人君者事事当修饬",取消了灾异的针对性,使之变为空话。又见陈侃理:《儒学、数术与政治:灾异的政治文化史》,第296页。
[3] 沟口雄三:《中国的思维世界》,第50—51页。

学,陆王心学才是儒学的高级形态,而程朱理学仰赖天道、天理,属于一种混合了宇宙论和形而上学的"本体论",跟汉儒一样,走偏了。❶这里不多讲复杂的哲理思辨。从政治哲学来讲,"天理",即道德合理性和政治合法性的最高标准,是一种辩证统一的结构:一方面,"理"是宇宙秩序的根源,具有超越性、永恒性,天下只有一理,不为尧存,不为桀亡,高于现实权力;另一方面,"理"又具有内在性、多样性,这就是"分理",万事万物各得其理,各有分殊,蕴含了中央集权之下的自主性和分权主义的可能性。❷

这样一来,"天理"似乎为制约君主找回了一种外在的、客观的标准。理论上确实如此,不过,落实到政治实践上,体认"天理"却不见得比笼统的"修德"有什么进步,它同样抽象、飘忽,回避问题而不解决问题。天理和现实政治的关系如何诠释,是批判性的紧张、对立关系,还是和谐乃至统一、合并关系,或者压根没必要去理睬,仍然取决于现实的权势关系,最终取决于皇权:

> 如果政治体制无法摆脱君主专制的话,这种抽象的价值标准就会被现实权力所管制或改变。无论天、义、先王、

---

❶ 劳思光:《新编中国哲学史(卷三 上)》,第36—69页。金观涛从理学思想的社会整合力出发,认为将个体道德理想建立在"宇宙秩序"的基础上还是一种进步,见金观涛、刘青峰:《中国现代思想的起源:超稳定结构与中国政治文化的演变(第一卷)》,第21页。
❷ 汪晖:《现代中国思想的兴起(上卷 第一部 理与物)》,第194—212页。

道、天理是多么重要的价值尺度，只要君王能够把自己定位为圣王与天理的话，那么专制反而会得到更大的强化。❶

所以，从现实政治讲，天命观的权力规范化功能，只是一种理想的可能性。一旦遇到现实权力，不仅可能产生"妖不胜德"这类诡辩，还可能反过来被君主利用，沦为规训臣民的工具。❷萧公权先生指出，不同性格的君主，对天命、灾异的态度，以及由此导致的政治后果，都是非常不一样的：

> 天人之说，意在限君。然雄才英主，往往强志多欲，本不倾向于宗教迷信。即有信仰，亦宁取希冀自我长生之神仙方士，而无取乎约束自我行动之灾异五行。……若夫敬畏天鬼之君主，每具优柔温厚之品性，最易为权臣佞臣之所挟制玩弄。彼虽能接受天命靡常之宝训，无如大权旁落，积重难返。❸

单就宋代而言，柔弱的君主未必真的"敬畏天鬼"，真宗君臣就将伪造的"天书""天命"耍弄得不亦乐乎。到了宋末，"自绍圣至政（和）、宣（和），……灾异不言，而祥瑞辄书。甚

---

❶ 张铉根：《观念的变迁：中国古代政治思想的演变》，第157页。
❷ 清代皇帝利用灾异来督责臣下，说明"道统"被"治统"吸收，士大夫的文化权威被政治权威攫取，见陈侃理：《儒学、数术与政治：灾异的政治文化史》，第296—297页。
❸ 萧公权：《中国政治思想史》，第305—306页。

者腊月之雷指为瑞雷，三月之雪指为瑞雪。其视天变，若童稚之可侮"，❶把这笔账都算到王安石的"天变不足畏"头上，显然有失公允。

至于"强志多欲"的雄主，比如说宋太宗，更是可能调转枪口，利用天谴来绳束臣下。淳化三年（992）夏，中原发生了旱灾，不管朝廷如何祈祷，老天就是不下雨。于是，太宗选派了一组官员，分头下到各路，疏决系囚，平反冤案，结果当天就下雨了。翌日，宰相班子喜气洋洋上朝称贺。不料，宋太宗对他们发表了一番训话：

> 上曰："朕孜孜求理，视民如伤，内省于心，无所负矣！而久愆时雨，盖阴阳之数，非朕所忧。忧在狱吏舞文巧诋，计臣聚敛掊克，牧守不能宣布诏条，卿士莫肯修举职业尔！"
>
> 李昉、张齐贤及贾黄中、李沆惭惧拜伏，退，上表待罪。
>
> 上曰："朕之中心，苟有所怀，即欲与卿等言之。既言之，即无事矣！然中书庶务，卿等尤宜尽心也！"
>
> 昉等复上表称谢焉。❷

太宗表述得很明确，经过他的自我反省，朕的"德"没任

---

❶ 吕中：《类编皇朝大事记讲义》，第320页。标点有改动。
❷ 李焘：《续资治通鉴长编》卷33，淳化三年五月己酉。

何毛病，跟水旱灾异也没什么必然联系。真正该问责追究的，是天子脚下那些贪污腐败的法官、敲骨吸髓的税吏、不用心办事的州郡长官，当然，还有朝堂上尸位素餐的重臣，甚至包括宰执。这一番敲打，让李昉、张齐贤等人不敢发半句异议，只有赶紧退下来谢罪。淳化四年（993）秋，这次倒不是干旱，而是淫雨不止，引发洪涝，太宗又故技重施，先发制人，把引发阴阳失调的责任推到宰辅们头上，叫来他们，予以"切责"：

> 上以阴阳愆伏，罪由公府，切责宰相李昉及参知政事贾黄中、李沆，曰："卿等盈车受俸，岂知野有饿殍乎？"
> 昉等惭惧拜伏。
> 黄中出，语人曰："当时但觉宇宙小，一身大，恨不能入地尔！"❶

"天谴修德"云云，唬不住戎马半生、攘夺帝位的太宗。不仅如此，太宗还喜欢利用天变灾异，为自己打算实现的政策背书、加码，比如，淳化五年（994）欲出师平蜀，至道二年（996）欲弃灵州，等等。从宋太宗再往下，宋代的皇权有着"官僚化"或"士大夫化"的特点，皇帝在学养、思维和行事作风等方面，越来越接近官僚士大夫。这也是一个需要辩证看待的历史现象。至少，其中一个后果恐怕是，皇帝越来越有资格自诩"生知之

---

❶ 李焘：《续资治通鉴长编》卷34，淳化四年九月丙午。

圣",宣称自己兼备德、位,融贯政统、道统;❶本来应该规范皇权的官僚士大夫,则越来越失去定义和解释天命的垄断权。

古代国家的正当性理论,一般是"自上而下的",统治者借助高高在上的神之意志(比如天命)来神化君权,关键不在于被统治者内心是否同意或许可;现代国家的正当性则是"自下而上的",必须建立在公民的意志表达的基础上。❷然而,中国古代的天命观,不仅是天命谴告而已,它还以一种很特殊的方式,纳入了被统治者即"民"的意志表达:"天视自我民视,天听自我民听。"民心所归,视同天之符命。那么,在熙宁时代的政治辩论中,双方对于"民"的认知,是不是比对"天谴"要圆融、自洽一些呢?

---

❶ 姚念慈:《康熙盛世与帝王心术》,第224—247页。
❷ 周濂:《现代政治的正当性基础》,第11—18页。

第七章 "民本"陷阱

一、民意的干预

熙宁四年（1071）五月十四日，东京城内王安石的私宅门前人声鼎沸，不知从何处忽然冒出来许多民众，将大门堵了个水泄不通。

五月仲夏，是农事方殷的季节，可这些民众并没有在田间地头忙碌，反而不辞劳苦，跋涉了近百里的陆路，从京城东边的东明县（今河南兰考北）及周边各地先后进城，找更高的衙门表达自己的不满和怨恨——针对去年年末开始在开封府界各县试点推行的免役新法。他们有"数百家"，一说"二百"，❶ 为了显示自身的弱势和代表性，也为避免引起暴力反抗的嫌疑，自然不能只出青壮男子，而是男女混杂，扶老携幼而至，人数大概近千，"数百人往来街市，京师喧然"。❷ 大群小民，气势汹汹奔走于御街南北，放到《梦粱录》或《梦华录》里面那个

---

❶ 李焘：《续资治通鉴长编》卷223，熙宁四年五月戊戌；卷224，熙宁四年六月丙寅，引林希《野史》。
❷ 刘挚：《论役奏》，《忠肃集》卷3，第49页。

"雕车竞驻，宝马争驰"，"新声巧笑于柳陌花衢，按管调弦于茶坊酒肆"的繁华画卷里，❶竟是那么的不协调。

这是北宋政治史上绝不多见的一起群体性事件。就在两个多月前，西北边境才爆发了著名的"庆州兵变"，朝野惊魂未定，万一再因免役法激起民变，新法事业恐怕就要夭折了。

免役法是一项立意良善的新法。原先，民户必须按照资产高低，轮流承担基层官府的一部分行政杂务，主要是保管运输官府物品（衙前），催督赋税（里正、户长、乡书手），缉捕盗贼（耆长、壮丁、弓手）。这些"职役"一般由经济情况较好的上户、中户承担，但仍然十分沉重，甚至能够折腾得百姓家破人亡。免役法，就是让民众通过交一笔钱来合法避役：衙前、户长等役，不再强制轮差，改为收钱，招募限定资格的志愿者来承担；原来必须轮当职役的民户，划分为五等（乡户）或十等（坊郭户），每年夏、秋两次，缴纳"免役钱"；乡户第五等以下、坊郭户第六等以下，免役钱也不必出了；原来就不必当差的某些特权群体或弱势群体，官户、女户、寺观户、单丁户、坊郭户，要缴纳减半的"助役钱"。为了明确什么人该交多少钱，新法设计者决定，"品量物力，别立等第，以定钱数"，也就是重新核实各家各户的实际经济水平，调整户等高低，让赋役更均平。❷

---

❶ 孟元老：《东京梦华录》序。
❷ 漆侠：《王安石变法》，第136—138页。邓广铭：《北宋政治改革家王安石》，第155—175页。

五月涌入东京城、包围宰相府的东明县民众，正是来控告本地官府在户等调整上的不公道做法。许多人声称，他们本来应该划入不纳或少纳免役钱的下户，享受照顾，官吏为了尽快完成指标，上下其手，将他们抬升为三等以上户，他们宁愿照旧轮当职役。据说，东明知县贾蕃是范仲淹的女婿，又和反新法派的范纯仁交好。他故意把一部分人的户等提高，让他们多出免役钱，好激起民众不满，把他们的抗议当成阻碍新法推行的利器。❶

民众入城后，先来到开封府陈诉，府尹拒绝受理，"百姓既无所诉，遂突入王安石私第"。

王安石出来同百姓见面，先安抚众人的情绪："此事相府不知。当与指挥，不令升等！"又询问他们："汝等来，知县知否？"天子脚下，闹出这么大的动静，开封府不管，连当地政府也没有任何通报，不免引起了王安石的疑心。最终，他说服了堵在自家门口的民众离开。不过，人群并未就此散去，而是又涌到御史台提交诉状，御史中丞杨绘问清了前后缘由，却也没有收下诉状。❷

最终，神宗下诏，府界试行免役法期间，"如有不愿纳钱之人……令依条认本等役，候年月至，则赴官充役，更不令纳役钱"，同时，"如敢将四等以下户升于三等，致人披诉，其当

---

❶ 漆侠：《王安石变法》，第188—189页。
❷ 李焘：《续资治通鉴长编》卷223，熙宁四年五月癸卯。

职官吏并从违制论,不以赦降原免"。❶至少表面上,民怨得到了平息。

在处理变故的过程中,神宗告诉王安石,有人建议别再搞什么免役募役,否则会出更大的乱子:

> 或以为役钱事,必致建中之乱。

"建中之乱"是晚唐建中二年(781)爆发的藩镇大叛乱,唐德宗被迫出奔。就在上一年,讹传韩琦有意"兴晋阳之甲",如今,流血暴力再次成为悬在新法头顶的乌云。这句话更针对王安石个人,传统史家将建中之乱归咎于德宗任用卢杞,李泌有一句名言:"人言杞奸邪,而陛下独不觉其奸邪,此乃杞之所以为奸邪。倘陛下觉之,岂有建中之乱乎!"听到这里,王安石勉强压住怒火,继续敦促皇帝不要动摇:

> 人言所以致此,由陛下忧畏太过,故奸人窥见圣心,敢为诳胁也!❷

东明县民众集体进京告状,或许还不是整个变法时代中,"民意表达"最轰动的一次。后来,在熙宁六年至七年的大旱期间,监守东京城西南门的小官郑侠,将他每天亲眼目睹的流民

---

❶ 李焘:《续资治通鉴长编》卷223,熙宁四年五月庚子。
❷ 李焘:《续资治通鉴长编》卷223,熙宁四年五月庚子。

惨状绘成图画，谎称急密事件，调用快马入递给神宗，乞求废除新法以应天变，"以延天下万姓垂死之命"。❶神宗大为震惊。不久，王安石就第一次罢相。在"流民图"事件中，"天视"和"民视"、天变和民怨如何相互加持、放大，得到了几乎完美的展现。

这两起事件，一是民意的直接表达（至少表面如此），一是民意的间接表达（经过艺术加工再现）。在当时的政治思想中，"民"这一特殊群体及其意志，究竟有着怎样的面貌？

二、圣人和愚民

现代人很容易相信，"民"，不论作为被统治者（subject），还是作为主权者（sovereign），首先是禀赋完备的"人"。其实，这种看法并非自古就有，理所当然。古代的政治思想往往以为，民是德性或知性存在缺陷的人，是"瞑"或"氓"。或者像柏拉图设想的，造物主在他们的灵魂里掺入的不是金银，而是铜铁。承认民本质上是人，是禀赋完备的人的集合，可以说是政治思想的一大进步。

民不总等于人，政治思考的起点却往往是人。先哲通常根据对人的心理和行为的观察、假设，从不同的"人性"理论推导出不同的政治理论。韩非断定人性自私、好利，"故舆人成

---

❶ 郑侠：《西塘先生文集》卷1《上皇帝论新法进〈流民图〉》。

舆，则欲人之富贵；匠人成棺，则欲人之夭死也"。❶所以，唯有严刑峻法才能让民众趋利避害，甘心受君主驱使。孟子认为，人性中天生就具备"善端"，类似某种绝对道德命令，"今人乍见孺子将入于井，皆有怵惕恻隐之心"，❷只要培植、推广这种道德直觉，就可以实现理想社会。

人性论，这个先秦以来的旧题目，在数千年的争论中繁衍不绝：性善、性恶、性三品、性善恶混、性无善恶……，如果性善，恶从何来？归咎于情，归咎于气质之性……对于同一问题，同一思想家在不同人生阶段可以持有不同见解（比如王安石），❸各种构想和组合几乎尝试殆尽。人性论越来越精巧，成为书斋里的思想游戏，也越来越远离政治，更不用说现实政治。欧阳修极有魄力，他干脆声明，继续耗费心力探讨人性论，是"执后儒之偏说，事无用之空言"，原因十分简单：

> 为君子者，修身治人而已，性之善恶不必究也！使性果善邪？身不可以不修，人不可以不治；使性果恶邪？身不可以不修，人不可以不治。不修其身，虽君子而为小人。……能修其身，虽小人而为君子。……治道备，人斯为善矣。……治道失，人斯为恶矣。故为君子者，以修身

---

❶《韩非子·备内》。
❷《孟子·公孙丑上》。
❸ 冯茜：《唐宋之际礼学思想的转型》，第307—329页。

治人为急,而不穷性以为言。❶

只要短暂跳出政治伦理化的窠臼,就不难看清,道德哲学的终点,只是政治哲学的起点。帕斯卡尔说:"人既不是天使,又不是禽兽;但不幸就在于想表现为天使的人却表现为禽兽。"❷丸山真男说:"正是因为人有时偏向善,有时偏向恶,根据情况不同既会变成天使,又会变成恶魔,这才有以统治技术(艺术)为基础的政治产生的余地。"❸极端一点说,哪怕"满街都是圣人",政治也才刚刚开始。先秦的人性论是政治哲学的根基,汉魏以后,这种联系越来越稀薄。执着于界定人的抽象本质,满足于解释人性善恶的形而上学根源,多少有些类似今天有人非要在人类或大猩猩的DNA中辨识出某一据说决定了"权力欲望"的遗传密码片段,难逃"儒者心思至此而穷"(牟宗三语)的批评。不仅如此,政治思想还由此产生了某种紧张甚至结构性断裂。比如,当遭遇"民"这个比"人"更具象化的群体时,它就采用了一套非常不同的话语。儒家承认人人都平等地被赋予了"成圣"的内在潜能,又只承认现实中少数人不平等地成就了德性,有资格参与政治,成为人上人,凌驾于"民"之上。人性论不是民性论的本体论基础(ontological foundation)。

---

❶ 欧阳修:《答李诩第二书》,《欧阳修集编年笺注》第3册,第259—260页。
❷ 帕斯卡尔:《思想录》,第161页。
❸ 丸山真男:《现代政治的思想与行动》,第407页。

古代政治思想关于民的讨论，基本都可以归入"民本主义"的大范畴。这确实是一项古老而珍贵的思想遗产，清末知识精英对近代民权思想的接受和转化，就是以民本思想为媒介的。但是，类似天命观，儒家的民本主义也有二重的辩证结构：一方面，民为邦本，民为神主；立君为民，民贵君轻。民在政治中的关键地位得到了高度肯定。另一方面，民并不天然具备自主和自治的能力，亟待君长来养之，教之，制之，用之。其效果也类似天命观，前一方面对皇权有规范化的作用，后一方面对皇权有正当化的作用。[1] 其弊端则是一种"无参政权的民本主义"：

> 国为人民公共之国，为人民共同利益故乃有政治。此二义者，我先民见之甚明，信之甚笃。惟一切政治当由人民施行，则我先民非惟未尝研究其方法，抑似并未承认此理论。[2]

更重要的是，民本思想不仅视"民"为完全消极的政治活动者，还蕴含了一种精英式的自负、家长式的傲慢："民可使由之，不可使知之。"士大夫比民众自身更清楚民众的利益，所以，后者的意愿只能由前者来垄断、规定和表达。[3]

---

[1] 梁治平：《为政：古代中国的致治理念》，第174—175、179—181页。
[2] 梁启超：《先秦政治思想史》，第8页。
[3] 尤锐：《展望永恒帝国：战国时代的中国政治思想》，第267—273页。

前面讲过王安石和神宗关于"祁寒暑雨，民犹怨咨"的争论（第二章）。荆公告诫神宗，要效法苍苍上天"任理而无情"的支配精神："河决以坏民产，而天不恤"，"祁寒暑雨，人以为怨，而天不为之变"。因为这是为了达成更高的"善"必须付出的代价。这种打通人和宇宙秩序的类比思维，并非荆公独有。程颢的《定性书》就说：

> 夫天地之常，以其心普万物而无心；圣人之常，以其情顺万事而无情。❶

在古代宇宙论的模型中，自然的存在状态=善、正当，"自然"被人为赋予了不徇私意、廓然大公、参赞化育、生生之仁等伦理价值，圣人的德性也是如此，其余人则通过道德修养以求达到天人合一的境界。❷作为修身哲学，这没什么问题。问题在于，自然之中还存在价值实现的冲突：老虎要吃羊，对老虎来说，自然"任理而无情"固然好，对羊来说，却未必如此，因为它成了被牺牲用来成就老虎本性的代价。❸何况，自然的善恶并不等于社会中的善恶，人类活动并不完全受制于物理定律、生物本能或哲学理念。政治和社会层面的矛盾，不能

---

❶ 程颢、程颐：《二程集（上）》，第460页。
❷ 沟口雄三：《中国的公与私·公私》，第12—15页。牟宗三：《政道与治道》，第27页。
❸ 劳思光：《新编中国哲学史（卷三上）》，第44—45页。

用抽象的"理"来抹除。仅就君主个人的政治德性和理性来谈"任理而无情",无法避免带有专断和压迫的性质。以"众论"为"流俗",以"民怨"为"常情",也就顺理成章了。❶熙宁初,台谏官纷纷要求皇帝改弦更张,挽回因新法而丧失的民心,王安石辩称:

> 所谓"得人心"者,以有理义。……苟有理义,即周公致四国皆叛,不为失人心;苟无理义,即王莽有数十万人诣阙颂功德,不为得人心也。❷

极少一部分具有政治智慧和远见,掌握了"道"或"理义"的人,有权迫使"愚民"接受他们判断为正确的结果。神宗说:

> 愚民可与乐成,难与虑始。朝廷兴作,如实知其利,假令强率以就功绪,当亦无害。❸

---

❶ 吕中:《类编皇朝大事记讲义》,第315页。
❷ 杨仲良:《皇宋通鉴长编纪事本末》卷68《青苗法上》。这就是前面引过的荆公诗歌《众人》中说的"颂声交作莽岂贤?四国流言旦犹圣",说的是王莽篡汉时,大肆营造声势,歌颂功德、呈献祥瑞的人不计其数,而周公辅佐周成王时,管叔、蔡叔等势力造谣说周公将不利于成王,但是,周公、王莽的真实品质并不因为这些外部环境而有什么改变。
❸ 李焘:《续资治通鉴长编》卷233,熙宁五年五月壬辰。

第七章 "民本"陷阱 / 199

王安石说：

> 夫小人可与乐成，难与虑始。诚有大利，犹将强之。❶

在这一点上，君臣二人确实是思想一致，"上与安石如一人"。

至于民，他们作为个体，既看不清楚也没有能力决定自身利益，遇到一丁点损害就"怨咨"不已，容易被别有用心的人恶意操纵，这种性质的民意表达也就无关紧要了。韩非子说，"民智"和"婴儿之心"一样靠不住，"婴儿不剔首（剔掉头上的疖子）则腹痛，……必一人抱之，慈母治之，然犹啼呼不止"，因为他不懂"犯其所小苦，致其所大利"的道理。比如，朝廷督促"耕田垦草以厚民产"，民反以为"酷"；朝廷"征赋钱粟"，为的是"救饥馑、备军旅"，民反以为"贪"，等等。❷把民智如婴儿的冷酷看法裹上一层温柔的外衣，就是这样：

> 圣人之治民，度于本，不从其欲，期于利民而已。故其与之刑，非所以恶民，爱之本也。❸

究竟什么才算真正的"民本""利民"或"爱民"，古代思

---

❶ 王安石：《上杜学士言开河书》，《王安石文集》，第1313页。
❷《韩非子·显学》。
❸《韩非子·心度》。

想家和政治家们或许存在分歧（比如，道之以德，齐之以礼；道之以政，齐之以刑），但是，在对"民"和"民意"的态度上，他们本质上属于同一类型。

在传统思想中，"人"是仁义礼智、"四端"完备，但是，"民"从来都是"别而言之则愚，合而言之则圣"。说民是"愚"，实质上是诋毁他们看不清自己的根本利益，遑论更高的"善"；说民是"圣"，实质上是害怕他们被欺侮得太过会起来造反。水主要是用来载舟的，有时亦能覆舟。正是在这一愚一圣之间，政治诡辩有了最充分的施展余地。

三、王安石：民意表达的悖论

根据王安石自己得到的信息反馈，"民"或者说百姓，是积极拥护青苗、免役、保甲这些给民众的日常生活带来巨大改变的新法的。熙宁五年（1072）推行保甲养马法，让开封府界诸县的保甲组织自愿申请饲养官马（一年限额三千匹），承担马匹的维护和赔偿责任，换取一定的赋税减免。关于府界民众是否心甘情愿参与这项国家战备事业，神宗和王安石等宰执有过这样一番对话：

> 安石曰："此法已令诸县晓谕，百姓多以为便，有千五百户投状。"
> （吴）充曰："大抵言情愿者，皆官吏驱迫。"
> 安石曰："若官吏驱迫，即是诸县等第均敷。今但有

千五百户投状,必非驱迫。"

(文)彦博曰:"如体量和买草,河东和买亦名为和买,俱不免驱迫。"

上曰:"此即是均敷。均敷即自来驱迫,若非均敷,则非驱迫可知。"

彦博曰:"缘官吏或冀望升擢差遣,故上下相蒙,以强抑为情愿,不可不察也!"

安石曰:"必无此事!……"❶

王安石解释,府界民众中有一千五百户自愿申请,这个数字不多不少,既足以说明"百姓多以为便",又显示官吏并没有为了完成指标而全面摊派。吴充、文彦博疑心底下的官吏为了绩效而隐瞒实情,强迫至少一部分民众"自愿"申请养马。对此,王安石不屑一顾:真有此事,那一套保证下情上达的制度安排必然会发挥作用,受官吏欺压的民众可以自由去登闻鼓院、登闻检院或待漏院,直接投书伸冤:

若抑勒百姓,即百姓何缘不经待漏出头、打鼓进状?经待漏出头,即陛下理无不知。打鼓进状,即陛下理无不见。陛下既知见,理无宽贷。官吏不知何苦须要抑勒百姓,为蒙蔽之事?❷

---

❶ 李焘:《续资治通鉴长编》卷233,熙宁五年五月丙戌。
❷ 李焘:《续资治通鉴长编》卷233,熙宁五年五月丙戌。

所以，经过这一串逆向的"滑坡论证"，并不存在什么"官吏驱迫""上下相蒙"，民意的传达和反馈是直截、通畅、准确的，没有受到任何干扰屏蔽。面对别人质疑新法造成的种种弊病，王安石的态度一贯是，"民"完全清楚切身权益并能够通过合法渠道加以保护，他们的意见表达也是客观、真实的；只有反新法派怀有私心，妄图用谎言、造谣来破坏朝廷的善政：

> 民别而言之则愚，合而言之则圣，不至如此易动。大抵民，害加其身，自当知，且又无情，其言必应事实。惟士大夫或有情，则其言必不应事实也！❶

有一些民意反馈，对新法特别有利，王安石更不会忽略。神宗指责农田水利法没有实效，王安石当即举出证据反驳：朝廷派程昉负责漳河淤田，拓宽了原武县（今河南原阳）等濒河地区的耕地面积，"百姓群至京师，经待漏院出头，谢朝廷差到程昉开河，除去百姓三二十年灾害！"其实，还有一种说法是，这群赞颂新法的民众，本是因为淤田"浸坏庐舍坟墓，又妨秋种"，集体上京告状。新法官员将他们拦截回来，处以杖责。民众只得谎称他们是去京城谢恩，新法官员顺势代写了一封《百姓谢淤田表》，加上两百多人的联名签字，派小吏直接送入登闻鼓院，"安石大喜，上亦不知其妄也。"❷

---

❶ 杨仲良：《皇宋通鉴长编纪事本末》卷68《青苗法上》。
❷ 李焘：《续资治通鉴长编》卷249，熙宁七年正月甲子。

可是，如果真的有小民击登闻鼓鸣冤，或去待漏院告状，反馈的是新法的负面消息，王安石如何回应呢？他脸色一变，开始断言愚民总是分不清哪些是局部的利益，哪些是整体的利益，哪些是短期的利益，哪些又是长远的利益，而政治就要算一笔功利主义的账：

> 大抵修立法度以便民，于大利中不能无小害。若欲人人皆悦，但有利无害，虽圣人不能如此；非特圣人，天地亦不能如此！

他仍旧诉诸"祁寒暑雨，民犹怨咨"那一套的辩解：好比"时雨之于民"，实际不可或缺，但必然妨碍"市井贩卖及道途行役"，更不可能保证"墙屋无浸漏之患"。这些无非是达成更高的"善"必须付出的代价，为政岂能"待人人情愿然后使之"？❶

王安石以为，愚民不仅搞不清真正的"大利"所在，他们的意见表达还会被居心不良之人操纵和利用，针对新法。若他们真的成功"经待漏出头、打鼓进状"，那也属于遭人误导挑唆。比如，府界周边有人反对保甲法，"以十数万愚民，而欲煽惑之者，非特一人而已"，不可能不出问题，出了问题就要追究带头挑事的那一小撮头目的责任：

---

❶ 李焘：《续资治通鉴长编》卷224，熙宁四年六月己巳。

> 昨日闻，已捕获扇惑纠集人头首根勘，然至京者亦止有二十余人而已。以十七县十数万家，而被扇惑惊疑者才二十许人，不可谓多。自古作事，未有不以大势驱率众人，而能令上下如一者。❶

本章开头讲的东明县百姓因为编排役法不公，集体上京告状，在王安石看来，也是同样的性质。不论此事是否真的是反新法派的阴谋，王安石不仅派人追究知县贾蕃的责任，还一再提醒神宗，要"以道（相当于前面说的理义）揆事"，不要动辄被舆论带偏：

> 治百姓，当知其情伪利害，不可示以姑息。若骄之，使纷纷妄经中书、御史台，或打鼓截驾，恃众为侥幸，则亦非所以为政。❷

民众只要感到新法损害一点自身利益，就敢于"纠合众人，打鼓、截驾、遮执政，恐陛下未能不为之动心"，此风决不可长。皇帝必须"明示好恶赏罚，使人人知政刑足畏，则奸言浮说自不敢起，诡妄之计自不敢施，豪猾吏民自当帖息"。❸ 说到这儿，王安石已经不在乎自己还把"经待漏出头、打鼓进

---

❶ 李焘：《续资治通鉴长编》卷235，熙宁五年七月己亥。
❷ 李焘：《续资治通鉴长编》卷223，熙宁四年五月庚子。
❸ 李焘：《续资治通鉴长编》卷223，熙宁四年五月庚子。

状"说成新法之下民意的表达器和测量器。不仅如此，就在熙宁五年（1072），神宗和王安石还"命皇城司卒七千余人巡察京城，谤议时政者收罪之"，又设置京城"八厢探事人"逻察市井，❶很可能就是专门应对民意的集体性表达（如东明县事件）。

最终，民意的表达由正到反，在荆公的政治辩论中形成了一个矛盾的闭环，成了某种类似"第二十二条军规"❷的东西：任何明确感受自身利益受损的人都可以打鼓进状，任何实际上这样做了的人都不清楚真正的利益，是被煽惑的愚民……反对派固然无言以对，反馈和纠错的机制也成了空话。

四、愚民的狂欢

熙宁五年（1072）五月的某一天，因为反对新法而外放到杭州做通判的苏轼，携二三好友，出了钱塘门，往孤山、灵隐寺方向游玩。一行人沐浴着湖畔吹来的凉风，一路观赏"水光潋滟晴方好"的景致，苏轼不禁诗兴大发。孰料前方突兀地传来一阵嘈杂的乐声，打断了文豪的思绪。苏轼皱起眉头望去，昔日那块宽敞的平地上，竟凭空冒出来一座小"集镇"，丝篁

---

❶ 李焘：《续资治通鉴长编》卷235，熙宁五年正月己酉，卷327，元丰五年甲寅。
❷ "第二十二条军规"，出自约瑟夫·海勒的同名小说。书中虚构的空军飞行大队规定：精神失常的飞行员可以申请停飞作战任务；但如果某飞行员正式申请停飞，这一行动本身就证明他精神正常，必须继续执行战斗任务。

鼎沸，人头攒动，酒望招展，茶香四溢，热闹程度比每年的春社或观潮犹有过之。他们上前一打听，原来是常平官员在发放"青苗钱"——一种救济农民青黄不接的官方现金贷款，旨在减少民间高利贷趁机盘剥贫民。

新法青苗钱，是这场集会的肇因，却不是当天的主题。仔细一看，场地周围扎起彩棚，有各种曲艺表演：说书的、唱小曲的、跳舞的、演杂剧和傀儡戏的，应有尽有，这是官府雇来的路歧艺人在"打野呵"。小商小贩穿行人群之中，吆喝着兜售茶饭点心。关扑钱物的摊位周围，看客尤多。关扑是一种掷钱来对赌商品的交易兼娱乐，赢即得物，输则失钱。特别抢手的是官府特许的"卖酒牌子"：赢家不妨用刚领到的青苗钱陌，换一场久违的酩酊大醉。

苏轼心中暗骂，这真是缺了大德了！十余年以后，他在提交《乞不给散青苗钱斛状》时，当日的记忆还栩栩如生：

> 官吏无状，于给散之际，必令酒务设鼓乐娼优，或关扑卖酒牌子。农民至有徒手而归者。但每散青苗，即酒课暴增，此臣所亲见而为流涕者也！❶

马克思在《资本论》中揭露，19世纪的英国工厂主有一种剥削工人的伎俩，就是拖长发工资的间隔。在此期间，工人每天的口粮等生活必需品，光靠每个周末的一点"预支"，预支

---

❶ 苏轼：《乞不给散青苗钱斛状》，《苏轼文集》，第784页。

还在工厂主自己开的杂货铺进行,"工人在店铺的这一边拿到钱,在另一边又把钱花掉。"❶同样的道理,官府一边发放青苗钱,一边诱惑农民买醉,把钱通过酒税收回来,等于把左边口袋的钱换一下手挪到右边,吃亏的只有百姓。不同的是,工人被迫用预支的工资来还债,而农民花的是官府贷款,不怎么心疼。结果,俵散青苗钱的这一天,就仿佛是一个酒神节、狂欢节(Dionysia)。

不仅如此,苏轼还感觉,青苗钱败坏农民的家户经济和道德水平不是一天两天,而是一个长期的腐蚀过程。他写过一首讽刺诗,描述那些得了青苗钱的农家少年,从此流连市井,乐不思蜀,等他们在酒肆瓦市里花光了钱,两手空空回到村里,只学会了一口油嘴滑舌的城里腔调:

> 杖藜裹饭去匆匆,
> 过眼青钱转手空。
> 赢得儿童语音好,
> 一年强半在城中。❷

后来,就因为这组诗,外加其他一些讽刺作品,苏轼被以"包藏祸心,怨望其上,讪渎谩骂,而无复人臣之节"的罪名,

---

❶ 马克思:《马克思恩格斯文集》第5卷,第203页。
❷ 苏轼:《山村五绝·其四》,《苏轼诗集》,第439页。

逮捕到御史台，审讯了近4个月，最后贬官黄州。❶他在狱中招供说，自己写这首诗，确实是这个意思：

> 意言：百姓虽得青苗钱，立便于城中浮费使却。……因此庄家子弟多在城中，不着次第，但学得城中语音而已。以讥讽朝廷，新法青苗、助役不便。❷

在反新法派眼中，新法之下，"民"的反应和行为就是如此荒诞。

针对青苗法的弊端，双方有许多辩论。但是，除了强制摊派（抑配）、利息过高、征钱伤农、官吏扰民等问题，在反新法派的一片责难声中，有一处明显却又被忽略的共同点：面对利息二分（年化利率高达40%）的青苗贷款的诱惑，民（主要是农民中有田产的主户，不包括佃客）的反应绝对称不上理性。相反，他们鼠目寸光，"见利忘患"，以长远利益甚至根本生计为代价，换得鼻子尖前的一点私利，或是稍纵即逝的片刻享受。

韩琦：

> 愚民一时借请则甚易，纳则甚难。❸

---

❶ 朱刚：《"乌台诗案"的审与判——从审刑院本<乌台诗案>说起》。
❷ 朋九万：《东坡乌台诗案》，第7—8页。
❸ 杨仲良：《皇宋通鉴长编纪事本末》卷68《青苗法上》。

司马光：

> 愚民知取债之利，不知还债之害。[1]

苏辙：

> 无知之民，急于得钱而忘后患，则虽情愿之法有不能止也。[2]

上官均（监察御史）：

> 况无知之民，恃青苗之散，诱一时之利，往往侈用妄费，不图难偿之后患。迫而敛之，贱卖谷帛，破产失业者固非一二，前日之弊是也。[3]

山阴知县陈舜俞，一开始公开抵制青苗法，后来"上书，称青苗法实便，初迷不知"，时人嘲笑为"陈舜俞翻悔青苗"。[4] 他用了个生动形象的比喻——民众对于官府贷款，好比小孩看到甜食一样，贪欲无法克制：

---

[1] 黄以周等：《续资治通鉴长编拾补》，第263页。
[2] 李焘：《续资治通鉴长编》卷379，元祐元年六月庚子。
[3] 李焘：《续资治通鉴长编》卷381，元祐元年六月乙卯。
[4] 杨仲良：《皇宋通鉴长编纪事本末》卷68《青苗法上》。

> 方今小民匮乏，愿贷之人往往有之。譬如孺子见饴蜜，孰不染指争食。然父母疾止之，恐其积甘，足以生病。❶

事实上，在反新法派眼中，除了青苗钱，新法带来的一切"诱惑"，民众都缺乏鉴别力和抵抗力。本质上，这是由于"无知之民，暗于利害，不能自计"❷（上官均）、"小人之情，竞利而不虑患"❸（吕陶）、"无知之民，利于苟得"❹（刘安世）。一句话，是因为他们是典型的"愚民"，毫无自主性，行为也是非理性的。

这一点看上去有些奇怪，首先因为青苗法试行时，反新法派如司马光、孙觉等人，正是用开封府界十七县中的陈留县为范例来劝说皇帝废除新法的。他们说，陈留县是贯彻朝廷禁止强制摊派青苗贷款最彻底的地方，知县姜潜在衙门口张贴告示，明确了自愿请贷的规定，结果，不论上户、下户，"卒无人至者，故不散一钱"。这说明青苗贷款对民众毫无吸引力，但凡底下上报的"自愿"申请，基本都是出于地方官吏的"抑勒"，因为民众清楚，官家的钱并不是白拿的，会伴随一系列后果，"实不愿与官中相交"。❺这同他们后来的"小人竞利""利于苟得"等论调完全相反。

---

❶《宋史·陈舜俞传》。
❷ 李焘：《续资治通鉴长编》卷378，元祐元年五月乙酉。
❸ 李焘：《续资治通鉴长编》卷376，元祐元年四月乙卯。
❹ 李焘：《续资治通鉴长编》卷419，元祐三年闰十二月丙辰。
❺ 黄以周等：《续资治通鉴长编拾补》，第342、344页。

更讽刺的是，后来在反新法派的笔下，同样一些"愚民"竟又成了清楚知道反新法派的领袖司马光才是救世大贤的"圣民"。据说，元祐初，司马光入汴，民众遮道呼喊："公无归洛，留相天子，活百姓！"他所至之处，动辄数千人围观。他拜访朝中高官，民众会"登树骑屋窥瞰"。还有人编造了早在熙宁末年就发生在山东地方的一次"自发性"民众活动，为旧党造势：

> 熙宁末，余夜宿青州北淄河马铺。晨起行，见村民百余人，欢呼踊跃，自北而南。余惊问之，皆曰："传司马为宰相矣！"余以为虽出于野人妄传，亦其情之所素欲也！❶

那么，民究竟是愚，还是不愚呢？

古代小农的日常生计，基本在糊口的水平线上挣扎。"凡农者，月不足而岁有余"，❷这种生产力和生产方式的发展状况，塑造了小农的生存伦理和逻辑。"民"明显不可能是现代市场中的"经济人"——一个完全理性的行为主体，清楚自身的偏好效用和预算约束，追求效用或福利最大化。古代农民常常受到本能、迷信、情感、习惯等无意识的驱使。❸但是，只要关系

---

❶ 王辟之：《渑水燕谈录》卷2。周勋初主编：《宋人轶事汇编》，第1460—1461页，集中收录了这类"神话"。
❷ 《管子·治国篇》。
❸ 秦晖、金雁：《田园诗与狂想曲：关中模式与前近代社会的再认识》，第291—317页。

到个体的私人利益，他们其实是谨慎、保守和精于算计的，懂得调动各种手段和资源来维系生存、安全和繁衍，逃避冗余的义务和风险。❶

所以，一方面宣称"愚民"全然"无知"，根本搞不清楚自己的经济条件，以及借贷和奢侈的利害关系，一方面又编出一种神话，认为民在涉及切身利益时是"愚"的，却能看清与己无关的公共事务的善恶利弊："民虽至愚无知，惟于私己然后昏而不明，至于事不干碍处则自是公明。"❷这些都是知识精英充满幻想和偏见的先验假设。

新法引入的物质刺激（如青苗钱）和政治压力，特别是通过货币化利息将一部分自然经济中的农民卷入商品经济，或许一定程度上改变了某些民众的预期和行为模式。所以，苏轼等人指责的弊端也不能完全排除。然而，这种现象到底是仅在想象中存在，局部存在，抑或普遍存在？愚民的"愚"，究竟体现在"畏惧官府"上多些，还是在"利于苟得"上多些？应不应该以"愚民"或者应该以哪一类"愚民"作为决策的基础？……对于这些问题，不仅没有可靠的经验证据，并且仿佛压根不曾被严肃思考过，只有不断重复的刻板印象和主观偏见。这种思维同荆公可谓如出一辙。

---

❶ 关于"理性的小农"及其争议，见黄宗智：《华北的小农经济与社会变迁》，第1—7页。李丹：《理解农民中国：社会科学哲学的案例研究》，第30—73页。
❷ 张载：《经学理窟》，《张载集》，第256—257页。

当然，还要考虑到一种可能："民"对新法的反应是不理性的，不是说民众作为个体或集体缺少理性，而是他们受到了某种强制，无暇他顾，只能做出非理性的反应。比如，没人肯平白无故自残肢体，若兵役制度过于严酷，自残就成了一种貌似理性的选择。熙宁四年（1071）推行保甲法，百姓害怕将来被刺为正兵，竟"有断指以避丁者"。❶不过，根据反新法派自己的说法，政治强制（抑配）主要针对不缺资本的富户，只是"无知之民不暇远计，……纷然趋赴（青苗钱）"的原因之一。❷在朝廷严禁摊派以后，甚至都不算什么重要原因。苏轼就强调：

> 农民之家，量入为出，缩衣节口，虽贫亦足。若令分外出钱，则费用自广，何所不至？况子弟欺谩父兄，人户冒名诈请，……似此之类，本非抑勒所致。

王岩叟论青苗钱有"四害"，其中也说：

> 虽使州县奉行诏令，断除抑配，其为害人，固亦不少。何者？小民无知，不计后患，闻官中支散青苗，竞欲请领，钱一入手，费用横生，酒食浮费，取快一时，及至纳官，贱卖米粟，浸及田宅，以致破家，一害也；子弟纵恣，欺谩父兄，邻里无赖，妄托名目，岁终催督，

---

❶ 王安石：《熙宁奏对日录》，《王安石全集》第4册，第37页。
❷ 李焘：《续资治通鉴长编》卷378，元祐元年五月乙酉。

患及本户，二害也……❶

看来，民众对青苗钱趋之若鹜，并不完全出于政治权力的强制。在反新法派眼中，这是因为"愚民"的本性就是如此。其实，强制和剥削未必完全来自国家，也可能既来自国家，又来自国家和普通民众之间的另一阶级——官僚、地主、豪商。或许是宋代社会结构内在的强制，让民众只能两害相权取其一。北宋晚期的政治精英，究竟在多大程度上看清了那个不平等的社会逼出来的"非理性"？

---

❶ 李焘：《续资治通鉴长编》卷384，元祐元年八月庚寅。

第八章　国善国恶

一、"高利贷"与田园诗

熙宁变法之后约一个半世纪，法国东部的勃艮第公国首府——第戎（Dijon），某个高利贷者正在举办一场极尽奢华的婚礼。婚礼的地点，选在了圣母（La Sainte Vierge）堂区的一座哥特式教堂。据说，当天，新郎志得意满地挺立在教堂门厅下方，等待新娘说"愿意"，接下来就是弥撒和欢庆的环节。就在新婚夫妇携手准备迈入教堂大门的时候，变故突生，一件石头雕塑从天而降，哐啷一声砸在新郎头顶，导致他当场毙命。惊魂未定的人群聚拢一看，这是教堂门厅上的一件装饰，松动坠落，雕刻的主题不是别的，就是一个放高利贷的人像，脖子上还挂着钱袋，正在被撒旦拽入地狱：

> 于是，婚礼变成了葬礼，欢乐成了悲伤，石高利贷者将活着的高利贷者隔绝在了教堂和圣事之外。……城市中的其他高利贷者纷纷捐赠资金以摧毁教堂柱廊上、外部和前部的其他雕像，以免同样的事情再次发生在他

们身上。❶

受罚的高利贷者，不仅刻在教堂门厅上警告信众，还刻在许多城市入口处的行刑场上，展现了中世纪和近代早期欧洲的一种文化心态——对放债取息的普遍憎恶。《圣经》教导民众："我民中有贫穷人与你同住，你若借钱给他，不可如放债的向他取利。"（《旧约·出埃及记》）在对犹太人和货币经济的双重恐惧下，高利贷被斥为偷盗、违反自然、亵渎神明，放贷者的灵魂会被魔鬼抓走，永远沉沦。圣经、教父、教士异口同声谴责高利贷者，但丁在《神曲》中将这类人安放在地狱的第七圈。❷ 直到16世纪，新教改革家马丁·路德还在痛斥：

> 凡是榨取、抢劫和盗窃别人食物的人，就是犯了使人饿死、使人灭亡的杀人大罪。高利贷者就是犯了这样的大罪，他照理应当上绞架，如果他身上的肉多得足供许多乌鸦啄而分食，那么，他盗窃了多少古尔登，就应该被多少乌鸦去吃。❸

与同时期的欧洲中世纪思想形成鲜明对比：在熙宁、元祐

---

❶ 雅克·勒高夫：《钱袋与永生：中世纪的经济与宗教》，第65—66页。
❷ 雅克·勒高夫：《钱袋与永生：中世纪的经济与宗教》，第15—72页。
❸ 马丁·路德：《给牧师们的谕示：讲道时要反对高利贷》，转引自马克思：《马克思恩格斯文集》第5卷，第684页。

第八章　国善国恶　/　217

的政治辩论中，反新法派对民间借贷的慈善色彩赞不绝口，并一致认为，看似低息的国家贷款（青苗钱）诱惑了"见利忘患"的愚民，在借贷市场上对私人借贷产生了挤出效应，后果极其严重。熙宁三年（1070），韩琦（时判大名府）就说：

> 大凡兼并者所放息钱，虽取利稍厚，缘有逋欠，官中不许受理，往往旧债未偿其半，早以续得贷钱。兼并者既有资本，故能使相因岁月，渐而取之。❶

韩琦所说的"兼并"，又称"兼并之家"，按照他的说法，"乡村上三等并坊郭有物业户，乃从来兼并之家也"，包括了官僚地主之下的富民土豪阶层。他们放贷，虽然利息很高，但由于交易的最终实现缺乏正式法律的保护，只好默许债务人借新还旧、以贷养贷。然而，他也不否认，这类借贷的本质和结果仍是"兼并"——债权人吞并债务人的田产。反正，宋朝的国策据说就是"不抑兼并"的。

韩琦的奏疏，明确了反新法派抨击青苗法的总基调。此前，"朝议未有力诋其法者，自韩琦条上青苗之书，上始疑之，而言者始力也"。❷不仅如此，此后攻击青苗法的言论，在高度赞扬私贷优于官贷这一点上，简直如出一辙，只是填充了更多的

---

❶ 韩琦：《上神宗乞罢青苗及诸路提举官》，《宋朝诸臣奏议》卷111，第1209页。
❷ 吕中：《类编皇朝大事记讲义》，第296页。

浪漫意象。前面讲过，山阴知县陈舜俞把趋附青苗钱的愚民比喻成"孺子见饴蜜"，他接着提出：

> 民间出举财物，取息重止一倍，约偿缗钱，而谷粟、布缕、鱼盐、薪蒸、耰锄、釜锜之属，得杂取之。朝廷募民贷取，有司约中熟为价，而必偿缗钱，欲如私家杂偿他物不可得，故愚民多至卖田宅、质妻孥。❶

按照陈舜俞的说法，私营借贷不但像韩琦说的，默许借新还旧，还可以用各种实物甚至某些生活必需品（如土产、薪柴、农具和锅瓢）来抵偿，比青苗钱的利息必收现金强多了。在上官均的印象中，私营借贷都是不需要到期足额偿还的，想什么时候还，还多少，也都好通融：

> 民间私贷，其利虽厚，然贷于春者冬未必偿，就使偿之，未必充数，又缓急、多少，得以自便。

他还重复：

> 臣以为青苗之息轻，则民愿就，而自陷于后患；私贷之息重，则民惮取，而无异日之害。使其不得已而取之于豪右之家，则偿之早晚、缓急、多少，得以自便，非有追

---

❶《宋史·陈舜俞传》。

呼督促，道途往来之烦费，贱售谷帛之弊也。此利害得失，较然可见矣。❶

事实上，"无知之民"能够清醒辨识和计算的唯一信号，就是名义利息率的高低，一遇到青苗钱，顿时就表现得像盲人或幼儿。所以，最好的办法就是停止青苗贷款，让农民手头没有余钱，这样一来，"无知之民无所引诱，将不敢侈用而妄费"。至于官僚地主、富民土豪（豪右之家）经营的高利贷，虽然利息很高，比青苗息钱翻倍，但是偿还确实有一定程度的"自便"，不受官府的强制和逼迫：

> 其有吉凶缓急，费用之不得已者，可以贷于豪右之家。其息虽倍于青苗，然偿之早晚、多少，得以自便，非如青苗有追呼督责，道途往来之烦费，贱售谷帛之弊也。❷

同样是私营高息借贷，在中世纪的欧洲和北宋，获得的评价却相隔霄壤，这一现象很有意思，也引起了学者的关注。❸事实上，韩琦等人的看法，看上去颇为"现代"。今天的金融史研究者倾向认为，"高利贷"是前近代小农经济中的合理存在，

---

❶ 李焘：《续资治通鉴长编》卷378，元祐元年五月乙酉。
❷ 李焘：《续资治通鉴长编》卷381，元祐元年六月乙卯。
❸ 王文书：《宋代借贷业研究》，第271—317页。

高息借贷主要由市场因素决定,具有救助和营利的双重性质。[1]这类观点有道理,也有经验研究的支撑。不过,反新法派的这一套"私贷优胜论",放到熙宁时期的政治辩论中,究竟有什么思想背景呢?

二、毁了道义经济?

人类学家詹姆斯·C.斯科特在调查东南亚(越南、缅甸、印度尼西亚)农村时发现,在传统社会中,小共同体内部的价值观、习惯、人际网络和社会安排,对冷酷无情的市场逻辑起到了某种减震器的作用。农民心里装着一套由本地文化界定的"生存伦理",对什么才算"经济公正"有自己的理解和期待:让大家在面临生存危机时至少有一条活路。这构成了地主和官府不能突破的"反叛"临界线。"生存伦理"体现在富人和穷人的社会关系上,就是:

> 富裕农民要仁慈待人,主办较多的开销和较大的庆典,救助暂时穷困的亲戚邻居,慷慨地捐助当地的圣祠庙宇。……这类社会安排的功能的实现,在很大程度上是靠流言蜚语和嫉妒的腐蚀力,靠人们的这一共识:被抛弃的穷人很可能成为富裕村民的真正和现实的威胁。然而,这

---

[1] 见黎志刚:《宋代民间借贷与乡村社会研究》;林展:《高利贷的逻辑:清代民国民间借贷中的市场机制》。

些适度而关键的再分配机制,确实为村民们提供了最低限度的生存保障。❶

传统农业社会的生存伦理,将某些交易行为,比如借贷、租佃、雇佣,转变成了带有再分配性质的、互惠主义的"道义经济"(moral economy)。传统国家,通过常平粮仓、以工代赈或灾荒救济,也有能力帮助小农渡过难关,但国家通常漠然处之,只在意财税资源的汲取。但是,随着西方殖民主义的扩张,这一切发生了翻天覆地的变化。商品经济、资本主义市场和现代国家改变了传统的社会结构,破坏了乡村和宗族共同分担风险的保障体系,关闭了许多传统的生存"安全阈"。原先充当保护人的地主,变成了单纯的收租者和高利贷者,并能够倚恃更多的外部资源(银行、警察,等等),这导致阶级关系进一步恶化,给乡村地区带来了更大的灾难。

用"道义经济"及其衰亡来作参照物,或许更容易理解新法派和反新法派争论的实质。在反新法派看来,东南亚农村的"道义经济",正是北宋"兼并之家"借贷的特征。苏辙描述了富民和贫民在社会经济关系基础上自然形成的"友爱共同体":

> 富民之家,取有余以贷不足,虽有倍称之息,而子本之债,官不为理。偿还之日,布缕菽粟,鸡豚狗彘,百物

---

❶ 詹姆斯·C.斯科特:《农民的道义经济学:东南亚的反叛与生存》,第6—7页。

皆售，州县晏然处曲直之断，而民自相养，盖亦足矣。❶

不难想见，在北宋社会，许多借贷发生在亲故、邻里、主佃这些熟人关系圈中。利息虽高，所谓"倍称之息"（100%或本息相侔），但金额可能不大。至于偿付，一定程度的通融商量，甚至"焚券市义"这等高尚之举，也是存在的。❷尽管许多情况属于精英阶层的自我形象书写，带有夸张的成分。

反新法派感到，新法在乡村共同体中积极引入了"国家"这个因素，产生了纯粹消极的影响：让"兼并之家"也就是上户认领他们并不需要的青苗钱并支付利息，相当于国家向他们强行摊派了一笔税收。更糟糕的是，青苗法凭借外部资源的诱惑，将原先"富民-贫民"的经济依赖关系，扭转成"官府-贫民"关系，"昔之贫者，举息之于豪民；今之贫者，举息之于官"，❸不仅如此，官府还通过公权力征收现金利息。这一套操作，挖掉了整个"道义经济"运行的根基。传统国家虽不是现代国家，商品经济也不等于资本主义，却有相似的统治技术和工具理性。因此，熙宁新法对于乡村社会的冲击，同斯科特描述的国家入侵及市场化、商品化，是一个效果类似的过程。

可是，王安石及其追随者并不这么看。

唐中叶以后，门阀大地主制崩溃，豪强地主制兴起。部曲、

---

❶ 苏辙：《民赋叙》，《苏辙集》，第1055页。
❷ 黎志刚：《宋代民间借贷与乡村社会研究》，第84—85页。
❸ 王安石：《上五事札子》，《王安石文集》，第688页。

荫户等人身依附关系,被自耕农和租佃制广泛取代。北宋推行"不立田制""不抑兼并"的国策,豪强地主占有的田地极多,"赋租所不加者,十居其七"。一般认为,宋代农村的贫富两极分化,比前代要剧烈得多,阶级矛盾也要尖锐、深刻得多。❶所以,宋代的乡村社会,展现出的绝不是田园诗般的美妙画面。私营高息借贷,也不是上官均等人宣称的那样普遍是救助性、慈善性的。一只黑天鹅足以证明天鹅不都是白色,何况,黑天鹅远不止一只。真德秀就说,贫民从富民那里借钱度过青黄不接的时期,收获后也未必能如数偿还,不得不利滚利,越欠越多,苦不堪言;等到发生歉收、灾荒,富民不肯借钱,贫民就只有抛荒逃亡这一条路:

> 当农事方兴之际,称贷富民,出息数倍,以为耕种之资。及至秋成,不能尽偿,则又转息为本。其为困苦,已不胜言。一有艰歉,富民不肯出贷,则其束手无策,坐视田畴之荒芜,有流移转徙而已。❷

朱熹也说,地主豪强还趁贫民无力还债,强迫他们用家畜、粮食,甚至屋宇、土地折价抵偿:

---

❶ 漆侠:《宋代经济史》(上),第402页。周良霄:《有关王安石变法的几个问题》,《知止斋存稿》(下),第505—507页。
❷ 真德秀:《申尚书省乞拨和籴米及回籴马谷状》,《真文忠公文集》卷10。

> 放债豪强之家，为缘旱伤，人无以偿，多被强取去猪羊，以至入其家搜夺种子、豆麦之类，及抑令将见住屋宇并桑园田地低价折还。人无所归，遂致流移，有至今尚未能归业之人。❶

不仅如此。元祐六年（1091）还爆出一件丑闻，祥符知县为权豪势要催讨私人债负，不仅非法拷打、枷锢欠债者，还"估卖欠人田产，……身死之后，监督其家不为少止"。❷

在传统农业中，风险和危机是常态。人们比喻小农的处境，常说他们站在齐脖深的河水中，稍有风浪就有灭顶之灾。❸在危急时刻，"道义经济"未必能正常发挥作用，温情脉脉、你情我愿的借贷关系，可能骤然变为冷酷无情、你死我活的博弈——究竟是"约偿缗钱，而谷粟、布缕、鱼盐、薪蕨、耰锄、釜锜之属，得杂取之"，还是"强取去猪羊，以至入其家搜夺种子、豆麦之类，及抑令将见住屋宇并桑园田地低价折还"，虽然看上去有点像，实际可大不一样。

何况，"道义经济"绝非单方面的"慈善"，它一面意味着保护，一面也意味着束缚，还有剥削：

> 人们很容易把这些安排浪漫化、理想化，这是个严重

---

❶ 朱熹：《戒约上户体认本军宽恤小民》，《朱子全集》第25册，第5018页。
❷ 李焘：《续资治通鉴长编》卷454，元祐六年正月丁卯。
❸ 詹姆斯·C.斯科特：《农民的道义经济学：东南亚的反叛与生存》，第1页。

错误。它们并不意味着绝对平均主义。相反，它们仅仅意味着一切人都有权利依靠本村资源活着，而这种活着的取得，常常要以丧失身份和自主性为代价。❶

在前近代的乡村共同体中，庇护、互惠、风险分担，往往是弱势的受惠方（比如高利贷的举债者）牺牲个体自由交换来的，背后依然是统治-服从的权力关系。❷现代思想家会认为，这些保护、互惠，是血缘社会向现代转型的过程中需要斩断和抛弃的枷锁，宋人不足以语此，不必多说。

总之，在反新法派眼中，宋代的乡村社会大体是玫瑰色的，罩着一层宗法制的脉脉温情的面纱，而在王安石眼中，同一幅画面却黑白分明：

> 使富民为贷，则用不仁之法，收太半之息。不然，亦不免脱衣避屋以为质。民受其困，而上不享其利。❸

他还对神宗念叨："富者兼并百姓，乃至过于王公，贫者或不免转死沟壑。"❹在王安石看来，"兼并"这种社会现象，是

---

❶ 詹姆斯·C.斯科特：《农民的道义经济学：东南亚的反叛与生存》，第6—7页。
❷ 秦晖、金雁：《田园诗与狂想曲：关中模式与前近代社会的再认识》，第110—128页。
❸ 章衮：《书临川文集后》，《王安石年谱三种》，第196—206页。
❹ 李焘：《续资治通鉴长编》卷240，熙宁五年十一月戊午。

一种真实存在的、不能放任自流的"恶",并且威胁到国家对社会的控制。他早年四处奔波任地方官,已经萌生了这样的理想:

> 婚丧孰不供,贷钱免尔萦。
> 耕收孰不给,倾粟助之生。
> 物赢我收之,物窘出使营。
> 后世不务此,区区挫兼并。❶

解决之道何在?就是通过国家的积极干预和调节,"摧兼并,收其赢余,以兴功利,以救艰厄",使得"利出一孔",即断绝官僚地主及富民土豪的兼并之路,修复地主经济中自耕农经营的良好生态。❷这是熙宁变法研究者耳熟能详的事实。

显然,王安石的"官贷优胜论",反新法派的"私贷优胜论",二者之间有无法调和的矛盾。往深了说,这一矛盾涉及宋代政治思想中对"富民"和"国家"的道德判断。

三、富人的用处

在前近代社会,不平等的社会关系不但是制度化的,而且是观念化、意识形态化的,宋代自然不例外。不过,宋代

---

❶ 王安石:《寓言十五首(其三)》,《王荆文公诗笺注》,第545—546页。
❷ 邓广铭:《北宋政治改革家王安石》,第75—84页。

出现了一种新的思想动态：由于国家不再控制乡村社会的土地资源分配（不立田制，不抑兼并），土地流转加速，庶民地主兴起；在商品经济普遍发展的基础上，富工、大商的社会地位提高了。官僚、地主、商人三位一体的"富民"阶级势力大张，理直气壮为"富民"辩护的话语也比前代更流行，主要体现为"富人是州县所赖""贫富相资而生""不抑兼并"等观念。❶这种思想风气对围绕新法的政治辩论产生了巨大的影响。

"贫富相资"是"道义经济"，特别是"私贷优胜论"的主要思想根据。❷司马光的说法很有代表性。他认为，贫富分化源于个体禀赋和后天习性的差异，加上自然竞争。富人的资本积累，来自他们的自律、勤劳，甘心"劳筋苦骨，恶衣菲食"，进行"自我剥削"；相反，贫民的借贷需求，根本是他们短视的、浪费的，从而是非理性的经济行为模式决定的。说白了，"愚民"沦落到债务缠身，必须"鬻妻卖子，冻馁沟壑"的地步，首先是他们咎由自取的恶果：

> 民之所以有贫富者，由其材性愚智不同。富者智识差

---

❶ 漆侠：《宋代经济史》（下），第1163—1166页。叶坦：《富国富民论：立足于宋代的考察》，第85—92页。叶坦先生认为，"富民论"的流行是私有制发达的后果，本节视角则有所不同，并且聚焦于围绕新法的辩论。
❷ 王文书：《宋代借贷业研究》，第151—156页。王文书、王学博：《法律、伦理与民间借贷》第八章《"利出一孔"与"贫富相资"：宋代对立的高利贷思想》，第193—213页。

长，忧深思远，宁劳筋苦骨，恶衣菲食，终不肯取债于人，故其家常有赢余，而不致狼狈也。贫者啙窳偷生，不为远虑，一醉日富，无复赢余，急则取债于人，积不能偿，至于鬻妻卖子，冻馁沟壑而不知自悔也。

这样一来，"富民"的存在，对"贫民"（实即"愚民"）的生计起到了非常正面和积极的影响，二者实质上是"彼此相资，以保其生"：

> 是以富民常借贷贫民以自饶，而贫者常假贷富民以自存。虽苦乐不均，然犹彼此相资，以保其生也。今不问民之贫富，各随户等，抑配与之（青苗钱）。贫者既尽，富者亦贫，臣恐十年之外，富者无几何矣！[1]

以借贷和其他互惠关系为纽带，富民和贫民构成了休戚与共的"道义经济"共同体。新法对这一乡村秩序的冲击是全面的，摧抑富民等于打击贫民，反之亦然，"贫者既尽，富者亦贫。十年之外，百姓无复存者矣。"[2]

苏辙也察觉到了土地兼并和商品经济对新社会阶层产生的影响："古者大邦、巨室之害，不见于今矣。惟州县之间，随其大小皆有富民。"然而，他同样断言，贫富差距是"理势之

---

[1] 司马光：《乞罢条例司常平使疏》，《司马光集》，第920—921页。
[2] 《宋史·司马光传》。

所必至",不能由人力强行扭转。不仅如此,富民阶层还是国家基层治理的一层重要保险:

> 州县赖之以为强,国家恃之以为固。非所当忧,亦非所当去也。能使富民安其富而不横,贫民安其贫而不匮,贫富相恃,以为长久,而天下定矣。❶

讽刺的是,"贫富相资"并不是反新法派垄断的特殊立场,而是宋代知识精英对当时的现实社会结构的共同肯定。新法派一旦遭遇比自身还要"激进"的改革设想,就会搬出"贫富相资"来对抗。熙宁三年(1070)秋天,王安石与神宗有一次很有意思的对话:

> 安石曰:"臣见程颢云:'须限民田,令如古井田。'"
> 上曰:"如此,即致乱之道。"
> 安石因言王莽名田为王田事。
> 上曰:"但设法以利害驱民,使知所趋避,则可。若夺人已有之田为制限,则不可。"
> 安石曰:"今朝廷治农事未有法,又非古备建农官大防圩埠之类。播种收获,补助不足,待兼并有力之人而后全具者甚众。如何可遽夺其田以赋贫民?此其势固不可行,

---

❶ 苏辙:《诗病五事》,《苏辙集》,第1230页。

纵可行，亦未为利。"❶

"井田"、"王田"或"均田"这类社会政策，在当时的历史条件下空想色彩浓重，要求国家对地主经济进行频繁的干预和改造，这是王安石不愿接受的。只有在这个时候，他才肯承认，在兼并肆虐的大气候下，还存在"贫富相资"的小生境(niches)，富民或"兼并之家"对于维护社会稳定还是有些用处的。但是，在辩论青苗法利弊时，王安石绝不会提到半个字。❷

上述议论说的都是"贫依赖富"。当然，"富依赖贫"的说法也有，主要是在租佃关系上强调客户（佃农）面对主户（田主）改善了一些议价地位（bargaining position）。❸王岩叟说：

> 富民召客为佃户，每岁未收获间，借贷周给无所不至。一失抚存，明年必去而之他。❹

苏轼也说：

---

❶ 李焘：《续资治通鉴长编》卷213，熙宁三年七月癸丑。
❷ 新法派的御史中丞邓绾也提出："富者所以奉公上而不匮，盖常资之于贫；贫者所以无产业而能生，盖皆资之于富。……朝求夕索，春贷秋偿，贫富相资，以养生送死，民之常也。"这也是针对吕惠卿推行更为极端的"手实簿法"，检括民产，大兴告讦而讲的。见李焘：《续资治通鉴长编》卷269，熙宁八年十月辛亥。
❸ 见张呈忠：《"侵牟"与"相资"——宋代主佃关系论的冲突与演变》。
❹ 李焘：《续资治通鉴长编》卷397，元祐二年三月辛巳。

> 民庶之家，置庄田，招佃客，本望租课，非行仁义。然犹至水旱之岁，必须放免欠负借贷种粮者，其心诚恐客散而田荒，后日之失，必倍于今故也。❶

过去通常评价，"贫富相资"，不论说谁依赖谁，一方面顺应了土地私有制和商品经济发展的历史进步，另一方面是统治阶级企图掩盖贫富极化、阶级矛盾的欺骗性话语。不过，这里要强调的是，"贫富相资"反映了这样一个社会现实——国家主动放弃调控土地资源的分配，同时放弃直接主导乡村社会的内部秩序，从而默认了贫富阶级在城乡地域通过借贷、租佃乃至兼并形成的"自发"秩序。这是一种妥协，就像政治学家米格代尔说的：

> 只要为民众提供可以利用的生存策略，强人（strongmen）就可以保证地方稳定性，这对于整个政体的稳定性至关重要。国家领导者很乐意接受这种甚至无须建立一个复杂的、体制化的机构就能得到的稳定性。作为交换，领导者默许了强人对地方的控制甚至是其对国家分支的掌控而并不去积极争夺。❷

---

❶ 李焘：《续资治通鉴长编》卷451，元祐五年十一月。
❷ 乔尔·S.米格代尔：《社会中的国家：国家与社会如何相互改变与相互构成》，第117页。译文参照原文有调整，见Joel S.Migdal：*State in Society*：*Studying How States and Societies Transform and Constitute One Another*, p.92。

但是，这绝不意味着"私"的领域能够豁免国家的横加干预。在专制君主-官僚制下，富民阶级主要起到财富的蓄水池功能。只要国家感觉需要，可以随时拧开龙头放水。宋人那句有名的本朝"不抑兼并，富室连我阡陌，为国守财尔"，应从这个角度来理解，特别是它还有下半句："缓急盗贼窃发，边境扰动，兼并之财，乐于输纳，皆我之物。"❶

来看两个具体的例子。

元祐元年（1086），吏部侍郎傅尧俞提醒，朝廷科敛民间，特别是富民，要有一定限度。如果涸泽而渔，一旦有紧急用度，必定捉襟见肘。在这一点上，宋仁宗就比较有节制。当时，西夏首领元昊称帝建国，宋夏双方打了好几场大战，宋朝损兵折将，元气大伤，亟需重整西北边面。此时此刻，国家寄存在富民身上的财富，就能弥补国库的空虚：

> 庆历中，羌贼叛扰，借大姓李氏钱二十余万贯，后与数人京官名目以偿之。顷岁，河东用兵，上等科配，一户至有万缗之费，力不能堪，艰苦万状。此皆以上下全盛之时，取于民以为助。❷

元祐二年，台谏官梁焘请求，免除追索京城大小商户由于市易法拖欠的官钱及抵押物，这等于给国家保存了一部分将来

---

❶ 王明清：《挥尘录·余话》卷1，第221页。
❷ 李焘：《续资治通鉴长编》卷388，元祐元年九月丁丑。

可紧急动用的财富。他举的还是仁宗朝对西夏用兵的故事：

> 祖宗之朝，京师之民被德泽最深，居常无毫发之扰，故大姓数百家。庆历中，西鄙用兵，急于财用，三司患不足者数十万，议者请呼数十大姓计之，一日而足，曾不扰民而国家事办。祖宗养此京师之民，无所动摇者，正为如此。❶

变法时代乃至宋代的官僚士大夫，正是这样来理解富民的作用的：不仅在于国家放弃部分责任时"为天子养小民"，还在于"为国守财"，"又供上用"。❷富民通过地租、利润、利息等形式，将底层民众生产的财富汲取上来，保存积累。然而，这笔财富并不全属于他们自己，同时也属于国家，所以苏辙说："财之在城郭者（即兼并者）与在官府无异也。"❸因为，当时还不存在脱离于统治-服从关系以外的私有财产，"一切私人领域都有政治性质，或者都是政治领域"。❹即使私有财产得到了一定程度的保护，也并不建立在合法权利的基础上。除了沉重的日常性财政汲取外，只要判断有必要，国家可以通过种种手段（官爵收买、抑勒、科率……）予以剥夺和占用，不用顾忌什么

---

❶ 李焘：《续资治通鉴长编》卷396，元祐二年三月丙子。
❷ 叶适：《水心别集》卷2《民事下》。
❸ 苏辙：《制置三司条例司论事状》，《苏辙集》，第610页。
❹ 秦晖、金雁：《田园诗与狂想曲：关中模式与前近代社会的再认识》，第117页。

法理依据或授权。究竟是一次或几次占用，还是定期频繁多次占用，实际影响当然有所不同。但是，作为前近代国家的财富蓄水池，不论在新法派或是反新法派那里，本质上只有规模大小和抽取强度的区别。

反新法派主张，理想的国家应该是一位精明的园艺家，懂得"斩伐养长，不失其时"；❶相反，他们认定，新法派主导的国家，是一位贪婪且粗暴的园丁。

四、官家之惠 vs 豪强之暴

熙宁时代的新法派和反新法派的国家观念，经常被概括为主张"大政府"或是"小政府"的区别。❷前者大概意味着国家（政府）通过一揽子政治、社会和经济政策，塑造士民的行为模式，积极干预经济生产、分配、交换和消费，重新塑造国家和社会的关系；后者是指国家应该限于履行基本的行政和国防职能，将部分社会职能和财富支配权让渡给地方上的官僚-土地-工商业精英阶层。其实，这还是表面上的差异。我们最后要追问的是，除了国家的大小、主动性，除了国家应该做什么，在熙宁、元祐年间的政治辩论中，双方认为国家实际能够做到什么、不能做到什么，以及为什么会如此。

---

❶《荀子·王制》。
❷ 包弼德：《政府、社会与国家：论司马光与王安石的政治理念》，第 146—221 页。

在以王安石为首的新法派看来，国家实际可以做到很多事，并且，那些原本是某种"恶"的行为，一旦由官府接手，也会转化为善行。吕惠卿和司马光围绕青苗钱在经筵上发生的争论，就很有代表性。吕惠卿坚持认为：

> 彼富室为之，则害民；今县官为之，乃可以利民也。❶

为什么会产生这样的差异？王安石认为，如果真有什么"道义经济"式的共同体，那也不应该是存在于富民和贫民之间，而是存在于国家和民众之间。他那首著名的《兼并》诗，头几句就说：

> 三代子百姓，公私无异财。
> 人主擅操柄，如天持斗魁。
> 赋予皆自我，兼并乃奸回。
> 奸回法有诛，势亦无自来。
> 后世始倒持，黔首遂难裁。
> ……❷

人们比较关注这首诗体现出的"抑兼并"思想，这里要强调的是，在讨论国家和社会的关系时，王安石喜欢用父子家人

---

❶ 黄以周等：《续资治通鉴长编拾补》，第263页。
❷ 王安石：《兼并》，《王安石诗笺注》，第223—224页。

的隐喻。在另一篇同样著名的《与马运判书》中,王安石说:

> 尝以谓方今之所以穷空,不独费出之无节,又失所以生财之道故也。富其家者资之国,富其国者资之天下,欲富天下则资之天地。盖为家者,不为其子生财,有父之严而子富焉,则何求而不得?今阖门而与其子市,而门之外莫入焉,虽尽得子之财,犹不富也。❶

在这里,王安石提出了"欲富天下则资之天地",就是要发展生产,向大自然去开发财富的著名观点。❷值得注意的是,他同样把国家和社会比喻成父子。虽然王安石反对国家一味靠征税、专卖来从民间索取财富,说这等于关起门来向自己儿子要钱("阖门而榷其子"),哪怕把儿子榨干了,财富总量并没有增加;但是,值得注意的是,国家向民间索取财富的权利本身,基于某种父子共财的类比,是一种不容置疑的父权。

王安石设想,国家和社会本是一个和谐统一的有机体。国家是父,万民是子,这一拟血缘关系,不只在伦理层面有意义,比如,君主要爱民如子,这是老生常谈了;更重要的是,它如今在经济层面也有意义——"公私无异财",换王安石的另一句话说,"人主理财,当以公私为一体"。❸在古代宗法制

---

❶ 王安石:《与马运判书》,《王安石文集》,第1313—1314页。
❷ 邓广铭:《北宋政治改革家王安石》,第112—114页。
❸ 李焘:《续资治通鉴长编》卷214,熙宁三年八月癸未。

的大家庭中，经济关系的本质是"同居共财"，而家父对家财拥有绝对支配权，在法律上完全吸收了子女的人格。❶直系尊亲如果在世，子女未经允许要分割出独立的财产，另立户籍，就是"别籍异财"，伦理上要视作"不孝"，法律上也要受到惩罚，宋初甚至可判死罪。相似的，富民的财产、豪右的权势、"私"的领域，都是随着"礼义日已偷"的政治衰败过程，逐渐游离出国家这个大家长控制之外的事物。尽管完全复归三代不太可能，上古圣王缔造的国家-社会的关系模式，"公私一体"，却可以效法和复制，正如王安石常说的"法其意"。因此，国家在曾经放松控制的民间社会中扩张权力，就不能视为专横的入侵或吞噬，反而是一种朝向更理想的圆满和谐状态的复归。国家哪里是必要的恶，简直是必不可少的善。

于是，在"公私一体"的伦理-经济共同体中，国家层面设计出来的社会政策和项目必然也是"善"的。如果在落实的过程中产生弊端，纯粹是贪官污吏的问题。像神宗说的"今法行已见其效，而吏或不能奉承"，或像吕惠卿说的"皆吏不得人，故为民害耳！"。❷为了最大限度发挥制度对人的行为的塑造能力，新法派也设计了一些激励机制和惩罚措施，比如厚禄加重罚，希望影响官吏的主动性（积极推行新法）和自利性（防范或减少贪污勒索）。但是，他们对于社会政策、经济项目可

---

❶ 滋贺秀三：《中国家族法原理》，第119—190页。
❷ 黄以周等：《续资治通鉴长编拾补》，第263页。吕中：《类编皇朝大事记讲义》，第318页。

能引发的其他意外反应并不太关注。这样一种国家观念,不妨称为"制度乐观主义"。

与此相反,反新法派的国家观念,更多倾向"制度悲观主义"。

在他们看来,"祖宗法制俱在,不便更张以失人心"。❶ 这是一套经历了岁月沉淀和实践考验,久积而成的制度,没有比"祖宗成宪"更优越的法度了。提出这种主张的人,历史上通常被斥为保守派、顽固派。不过,这其中并非毫无真理。吕思勉先生说得一针见血:

> (前近代)中国的政治,是一个能静而不能动的政治。——就是只能维持现状,而不能够更求进步。其所以然,是由于:(A)治者阶级的利益,在于多发财,少做事。(B)才智之士,多升入治者阶级中,或则与之相依附,其少数则伏匿不出,退出于政治之外,所以没有做事的人。……因此,中国的官吏,都只能奉行故事;要他积极办事,兴利除弊,是办不到的。要救此项弊窦,非将政治机构大加改革不可。用旧话说起来,就是将官制和选举两件事,加以根本改革。若其不然,则无论有怎样英明的君主,励精图治,其所得的效果,总是很小的。因为你在朝廷上,无论议论得如何精详;对于奉行的官吏,无论催促得如何紧密;一出国门,就没有这回事了——或者有名

---

❶ 李焘:《续资治通鉴长编》卷221,熙宁四年三月戊子。

无实，或者竟不奉行。❶

反新法派虽然企图阻止变革，但是，他们作为旁观者，看官僚制度的弊端，比"制度乐观主义者"要清醒。他们感到，国家无法对整个官僚机构实施一直到末端的有效监督。苏辙就说：

> 上有毫发之意，则下有邱山之取；上有滂沛之泽，则下有涓滴之施。❷

官和吏，好像厚厚的海绵层一样，层层截留了国家自上而下释放的福利，上边大水漫灌（其实本来就不多），到了基层，就成了涓涓细流，甚至滴答滴答。如果只是这样，危害或许有限。然而，它又倾向于层层放大国家对民间的财政汲取力度。每一项新法——青苗、市易、免役、保甲……只要在全国范围内推行，都减少了官吏接受监督检举的力度和受惩罚的成本，同时丰富了他们压榨民众或牟取私利的机会、收益和手段。

官是如此，司马光说：

> 转运使本以聚敛为职，取之无名，犹欲掊克，况今取

---

❶ 吕思勉：《中国政治思想史》，第117页。
❷ 李焘：《续资治通鉴长编》卷366，元祐元年二月甲戌。

之有名乎?❶

吏更是如此,傅尧俞说:

> 凡公人未有不以官事与百姓接者,一与关涉,必肆诛求,但事有大小,时有疏数耳,况胥吏日夕与百姓从事者乎?……所以百端防检,恐其侵渔,犹未能禁其一二。❷

因此,即使国家禁止用公权力来强制摊派青苗贷款,只要官府奉命强制催还,结果也好不到多少。"制度悲观主义者"纷纷指责的那些"追呼督责,缧绁鞭笞,无所不至"的现象,确实存在。不只如此,旨在打击"兼并"的新法,还给"品官形势之家"趁机渔利、加剧兼并的机会。元祐三年(1088)就曝出一桩丑闻:章惇之子章援倚仗权势,强买昆山县(今江苏昆山)朱迎等4户(一说21户)百姓由于拖欠息钱而抵押给市易务的田产,"逼逐人须令供下愿卖文状,并从贱价强买入己",州郡和监司都不敢出面干预。❸朱迎案是因为元祐党争才浮出水面,类似事件恐怕不在少数。

最后,贫民确实未必都是出于强制,才高息借贷于富民;严格禁止"抑配"以后,民众从常平、市易借贷官钱,很可能

---

❶ 司马光:《温公手录》卷1,第432页。
❷ 李焘:《续资治通鉴长编》卷388,元祐元年九月丁丑。
❸ 李焘:《续资治通鉴长编》卷420,元祐三年闰十二月。

也是出于自愿的。司马光说，在借债上，"非独县官不强，富民亦不强也"，严格说来并不错。❶但是，在政治辩论中，"制度乐观主义者"和"制度悲观主义者"似乎都想刻意回避关键的一点：贫民向官府或向"兼并之家"借贷，导致破产、逃亡的悲惨结局，恰是国家和社会共同造成的。

宋代国家对民间的诛求，严苛程度众所周知，有所谓"五赋三禁"：

> 今天下之赋五：曰公田，曰民田，曰城邑，曰杂变，曰丁口。天下之禁三：曰盐，曰茗，曰酒。生民之衣食，举此八者穷矣。又朝廷就为科变之法，一合之粟转为釜，一缕之布直为尺；有司重之以支移，法取其一，吏取其二，因缘为奸，不可胜纪，此民心所以益无聊也。❷

贫民举债，首先因为在沉重的财政压榨下，收入难以应付正常的农业生产周期和日常生活开支。除了必须偿"公债"（积欠的税粮），还要偿"私债"（高利贷），"公私债负"叠加，形成恶性循环，是将农民逼得走投无路的根本原因，"公私债负逼迫，取于己无所有，故称贷出息，以济其急。"❸连主张贵贱属于"天之分"、贫富属于"勤惰不同"的司马光也承认，来

---

❶ 黄以周等：《续资治通鉴长编拾补》，第263页。
❷ 陈舜俞：《都官集》卷2，《厚生四》。
❸ 刘攽：《与王介甫书》，转引自《王安石诗笺注》，第546页。

自官府和豪强的双重掠夺，无形中将民众世世代代束缚在农业部门，并且是在最低生活水平线上挣扎：

> 幸而收成，公私之债，交争互夺。谷未离场，帛未下机，已非己有。所食者糠籺而不足，所衣者绨褐而不完。直以世服田亩，不知舍此之外，有何可生之路耳！❶

梅尧臣还有一首诗歌悲叹：

> 年年租税在，聒耳信已常。
> 哀哉四海人，无不由此戕。❷

所谓"租税"，就包含了交给"公"（国家）和"私"（地主）的农业产品。只要这一结构性问题没有改善，新法引入再多资源，也难以起到"官薄其息，而民救其乏"的效果。❸ 民众借了青苗钱，不是像一些反新法派说的"愚民"那样，用来胡吃海喝，享受一两天的奢靡生活，而是被迫用来支付或偿还早先积欠的"公私债负"；新借来的这些钱，往往又转化为新的"公私债负"，民众不得不"复举债于兼并之家，出倍称之

---

❶《宋史·食货志上一·农田》。
❷ 梅尧臣：《依韵吴冲卿秋虫》，《全宋诗》第5册，第3081页。
❸ 王安石：《上五事札子》，《王安石文集》，第688页。

息，以偿官逋"。❶结果，国家的青苗贷款，富民土豪的私营高利贷，"互相交织，彼此助长，恶性循环，备受其害的是贫苦农民"。❷

这样看来，变法时代的民众，确实有向"公"或向"私"借贷的某种"自由"，向"私"当中的这一家或那一家借贷的自由。在这个意义上，"非独县官不强，富民亦不强也"，他们确实没有受强制。另一方面，他们又没有不借贷的自由，实际上受到了一种总体的超经济强制，这是宋代国家-社会的内在结构决定的。荆公希望借助国家来重塑社会，摧抑竟敢与"人主争黔首"的中间阶层，并未起到理想中"令贫者富，富者贫"的效果，而是令富者贫，贫者愈贫。❸最大的实际受益者就是国家。当宋代的传统国家"自为兼并"，汲取了足够的财富，它却不去承担更广泛的公共职能和社会福利，取之于民，用之于民，哪怕减免一点"公私债负"，而是耗散于外。比如，像宋神宗一样，厉兵秣马，准备鞭笞"夷狄"，光复"汉唐旧疆"。

在王荆公的同时代人中，有一个人看到了这一点，并质问过他。协助司马光修《资治通鉴》的刘攽，很早就写信给荆公，坦陈自己对青苗法等一揽子新法的批评意见。书信末尾，他提

---

❶ 杨时：《龟山先生语录》卷3。关于这段话的不同分析，见漆侠：《关于王安石变法研究中的几个问题》，《漆侠全集》第8卷，第248—252页。
❷ 叶坦：《富国富民论：立足于宋代的考察》，第82页。
❸ 秦晖：《中国经济史上的怪圈："抑兼并"与"不抑兼并"》，《传统十论》，第35—47页。

出了一个最终的质问:

> 且朝廷取青苗之息,专为备百姓不足。至其盈溢,能以代贫下赋役乎?府库既满,我且见其不复为民矣。外之则尚武功,开斥境土;内之则广游观,崇益宫室。……介甫一举事,其敝至此。可无念哉!可无念哉!❶

这是一个真正洞察时世的历史学家的深切忧虑。

---

❶ 刘攽:《与王介甫书》,转引自《王安石诗笺注》,第546—547页。

结　语

熙宁变法的渊源、背景、始末、成败、影响，前贤均有许多出色的研究。蒙文通先生指出，今日研究变法，当"以不可移易之实事，衡反复好恶之虚辞，重其同而略其不同者，此诚空言不如行实、事实胜于雄辩也"。[1]本书却是以前贤对"实事"的研究为基础，专门聚焦于"虚辞"。

"话语"

王荆公的恶谥——"强辩"，在北宋晚期以来的政治议论和历史书写中被脸谱化、符号化了，而在关注熙宁变法的社会经济层面的现代历史研究中多少是被边缘化的。其实，作为政治斗争的话语，"强辩"或许比"小人""奸邪"出现得更早，意涵也更复杂。

就反新法派而言，"强辩"这一污名化标签，源于一种自我防卫的心理机制：由于他们的话语权和政治理念遭到否定和排斥，他们也从政见和人格上对王安石及新法派官员进行双重的否定。起初，"强辩"可能更多针对政见分歧，当它同少正

---

[1] 蒙文通：《北宋变法论稿》，《古史甄微》，第288—289页。

卯、卢杞、李林甫等历史形象紧密绑定以后，道德否定就占据了主要地位。

就王安石和新法派而言，"强辩"的骂名，并非无中生有，凭虚捏造。他们被斥为"强辩""利口""轻肆""狡狯"，其实是多个因素共同形塑的特殊历史现象：皇权偏好、个体性格、辩论技巧、制度激励、权力网络、行政作风，等等。这些因素既关乎个人（荆公、神宗），又关乎群体（新旧二党），也关乎制度（对、议）和政策（新法）。"强辩"之下，纠结着一张巨大的现实之网。

因此，王安石等人究竟是不是"强辩"，这个问题无法做出简单的"是"或"否"的判决。本书把"强辩"作为一种历史表相，探索它背后的人与制度的因素。这里没有着力分析那些明显的政治分歧，或者新法的细节、变化和利弊，比如，理财应该开源还是节流，祖宗法制该不该更张，青苗息钱究竟是高还是低，免役法究竟损害了上户还是下户，市易法打击了大商人还是小商贩……这里也没有执着于追究某一场政治辩论孰胜孰败、影响如何，而是尝试透过经过删节和扭曲的、一鳞半爪的辩论记载，勾勒变法时代的政治人物的个性、思想，由此呈现出熙宁政治独特的面貌，赋予它一种更具血肉、生气的形象。

"思想"

思想史的魅力就在于人类思想的多层次性：从高度抽象化

的理论体系，到总括性的世界观、世界图景，到对具体问题的意见和态度，再到理性反思之前的情绪和感觉。❶那么，如何解析北宋晚期政治辩论中蕴含的思想元素？显而易见，政治辩论，充其量只有一小部分是真正用来辩明道理的，另一部分是用来迷惑或压制对手，还有更大一部分是用来说服君主（在现代政治社会是选举人或民众）。所以，它们往往不够"真诚"，也就是说，这些观念和意见的表达，未必基于说话者本人内心的真实信念。毕竟，"人们总能找到某种原则性的说辞去为任何立场特别是自己的利益进行辩护"。❷有人嘲笑王安石"说多而屡变"，主要因为他不单是一个学问家，还是一个政治人物。

不过，本书分析的重点，正是"某种原则性的说辞"。这些原则性的说辞，各个时代并不千篇一律。打个不甚恰当的比方，同样为现成的社会秩序和人类的不平等辩护，古希腊城邦的哲人会说，有些人天生就是统治者，而另一些人"自然地成为奴隶，对于后者，奴役既属有益，也是正当的"。❸江户时代的儒学家会说，人类的贤愚、富贵、贫贱差别，源自一种"自然之理序"，圣贤君子禀受天地元气之精，愚不肖禀受天地元气之粗，"乃天命之本然也"。❹当代欧美的政治家会说，尽管天赋和结果的不平等，是实实在在明摆着的，但人们应该追求形式

---

❶ 丸山真男：《关于思想史的思考方法——类型、范围、对象》，《福泽谕吉与日本近代化》，第215—217页。
❷ 梅斯奎塔等：《独裁者手册：为什么坏行为几乎总是好政治》，第354页。
❸ 亚里士多德：《政治学》，第16页。
❹ 丸山真男：《日本政治思想史研究》，第166—167页。

上或机会上的平等……

那么，在变法时代，"某种原则性的说辞"都有哪些？它们被什么人，以什么样的特定方式利用，用来为何种目的辩护甚至诡辩？由此或许能够揭示一个时代的政治话语中蕴含的某些思想预设、思维习惯和思维框架，以及它们在政治实践中遭遇了怎样的困境。本书有一个方法论上的假设，那就是：在熙宁变法中，思想的结构性矛盾和困境，比具体的政策分歧更重要，影响也更深刻。

"政治"

宋代的政治思想十分活跃，同时，许多重大的政治议题，也都经过了比较充分的讨论和争辩。回到本书开头提出的疑问：为什么看似活跃、开放、频繁的思想交流，并没有通向成功的政治变革？

当然，并非所有的说理、辩论和思想交流，都能够或者需要通向各方一致的共识。在玻勒马库斯家❶举行的友人辩论，显然就不必达成最终一致；但是，集体政治行动，特别是新法这样范围广泛的政治-社会-经济变革，仍然需要一个积极的思想基础。

宋代政治的特色之一就是，士大夫群体内部出于权力关系和学术思想的"趋向异同"，导致"自相倾轧"的激烈党争。在

---

❶ 柏拉图在《理想国》中构想的苏格拉底等人的争论发生的场所。

本书中，我们考察了新法派和反新法派的政治人物对一些根本性的思想问题的议论：历史理性主义、政治合法性源头、被统治者（民）的行为模式及意愿表达、国家的有限性、国家和社会的关系，等等，以及这些观念到底是帮助还是干扰、阻碍了推进变革或解决特定的政治议题。

从本书前面的分析可知，新法派和反新法派的思维方式其实十分相似，这种一致性对变法过程的影响，可能还要大过一些具体的、局部的政策分歧。不可否认，他们在其中某些重要思想议题上也存在不同甚至对立的看法，但是，这些不同看法，这些差异性，作为"另一种可能性"，并不足以为善治和革新提供真正有力的支点。不论是他们共同拥有的思想资源（一致性），还是他们各自拥有的政治理念（差异性），都不同程度陷入了自相矛盾或闭合循环之中。在这里，借用王夫之的比喻，说新法派和反新法派等于"两盲之相触于道"，❶或许不算太尖刻。如此一来，所谓"回向'三代'"，也就成了虚悬的空中楼阁，只是一种比较表层的"政治文化"。因此，本书虽然像余英时先生一样，关注"儒学理想与观念落在政治领域中究竟产生了哪些正面或负面的效应"，❷最终结论则有些不同。

熙宁二年（1069）春，王安石拜参知政事之时，神宗与他有一场著名的对话：

---

❶ 王夫之：《宋论》，第138页。
❷ 余英时：《朱熹的历史世界：宋代士大夫政治文化的研究》，第32页。

上谓曰："人皆不能知卿，以为卿但知经术，不晓世务。"

安石对曰："经术正所以经世务，但后世所谓儒者，大抵皆庸人，故世俗皆以为经术不可施于世务尔。"❶

当时怀抱如此自信的，并非荆公一人。道学、政术要合一，由此重建政治-道德秩序，是宋代士人的共同理想。❷熙宁变法，就像一场超大型的思想实验，并且在思想资源（远比理学独尊时代丰富）、制度环境、皇权加持和人才储备等方面，几乎是在儒家士大夫能够想象的最理想的条件下进行。宋初古文运动以来回向"三代"、重建秩序的呼声，终于在士大夫领袖获得"致君行道"的千载一时的际遇下全面展开。朱子立朝才四十日，荆公秉政则长达八年。然而，这场思想实验的最终结果表明，中古时期的儒学，不论是新学、苏学还是理学，似乎都无法再为中央权力以"自上而下"的方式推行大规模的社会变革提供积极的思想资源（当然，它在社会组织的中下层，在缙绅自治和家庭伦理领域还有较多活力）。勉强为之，只能导致政治的极化，无穷无尽的党争和士大夫群体的撕裂，所谓"人无公论，治失中道，不偏于此，则偏于彼。……是非相攻，祸福相轧，纷争扰攘"，❸遂至于亡国亡天下。这恐怕不能不说是儒学

---

❶《宋史·王安石传》。
❷ 汪晖：《现代中国思想的兴起（上卷 第一部 理与物）》，第121—124页。
❸《靖康要录》卷7，靖康元年五月十三日。

自身的困境，而无关外部机遇，后来的所谓"转向内在"、理学的基层取向，等等，也就由此埋下了伏笔。

"人"

我们一面渴望坚守原则、品行高尚的政治人物，一面又觉得，政治人物可以不讲原则，为了合理的目的和大局，"要能够并且懂得怎样作一百八十度的转变"。❶

或许，北宋政治最吸引人的地方，莫过于这个时代和这套制度竟能允许王安石、司马光这样的儒家理想主义者升到能够真正左右国家命运的高位，并且，在获得权势的过程中，他们几乎没有受到权力腐化的侵蚀。单是这一点，北宋政治也足以得到很高的评价。

那么，又该如何评价这些儒生政治家的思想和实践之间的关系？比如，当他们在政治辩论、政策实施和权力斗争中似乎表现得没那么讲原则，在某种程度上牺牲甚至背弃了原则的时候，当他们在不同场合表示可以为了"大善"而为"小恶"，为了一部分人（有时是少数有时是多数，有时是权势者有时是弱者）的利益而牺牲另一部分人的时候。这时候，是否应该抛开道德、理想，不论他们自命承担的价值世界，用更现实主义的标准来看待他们，视同那些工具理性的官僚，或是黎塞留、皮特、俾斯麦一类的政治家？

---

❶ 马基雅维里：《君主论》，第85页。

排除刘子健先生说的"弄权型"政治人物，新法阵营和反新法阵营的政治家们，皆真诚信奉各自在著述中表达出来的儒家思想精髓，渴望通过政治来实现理想的上古圣王之道，"先王之法言、德行、治天下之意"。其中，最根本的是德行，即个体人格对"道"的体悟和践履；至于德政，则是在贤人政治下，"道"这一永恒、普遍原理的自然展开和实现。先"内圣"，后"外王"，像王安石说的："先吾身而后吾人。吾身治矣，而人之治不治，系吾得志与否耳！"[1]然而，现实同他的想法似乎完全相反。在变法过程中，从政敌、同伴乃至新法本身，王安石得到的是一次比一次严重的挫折感；不仅如此，他常常在激烈的辩论和政争中偏离自我。很多时候，他还在为一些他自己都未必相信的观念和立场坚决辩护。很难说，这种遭遇一刻都未曾反过来动摇他对那一套理想的合法性根基的信仰。这一段非同寻常的经历，对他来说应该也是非常纠结和痛苦的，他还因此失去了至亲至爱之人（比如王雱）。神宗对荆公是"八年不复召"，这八年中，荆公也不曾希冀重回原来那个一人之下万人之上的相位。

王安石早年曾有一首诗，其中对个体与政治的关系似乎表露出比较悲观的想法：

不悲道难行，所悲累身修。[2]

---

[1] 王安石：《与王逢原书》，《王安石文集》，第1303页。
[2] 王安石：《寓言十五首其一》，《王安石诗笺注》，第544页。

看一眼他退居江宁后尽断诸缘的暮年光景，再看一眼新法给王安石带来的生前身后的评价［甚至有人骂他"合（王）莽、（曹）操、（司马）懿、（桓）温为一人"］，或许会觉得这句诗对荆公来说仿佛一语成谶。

主要参考文献

一、史料

北京大学古文献研究所编:《全宋诗》,北京大学出版社,1998年。

毕仲衍著,马玉臣辑校:《〈中书备对〉辑佚校注》,河南大学出版社,2007年。

晁公武撰,孙猛校证:《郡斋读书志校证》,上海古籍出版社,1990年。

陈瓘:《四明尊尧集》,《续修四库全书》影印本。

程颢、程颐:《二程集》,中华书局,2004年。

杜大珪辑,洪业、聂崇岐等编:《琬琰集删存附引得》,上海古籍出版社影印本,1990年。

杜大珪编,顾宏义等校证:《名臣碑传琬琰集校证》,上海古籍出版社,2021年。

韩琦撰，李之亮、徐正英笺注：《安阳集编年笺注》，巴蜀书社，2000年。

黄以周等辑，顾吉辰点校：《续资治通鉴长编拾补》，中华书局，2004年。

黄宗羲等：《宋元学案》，中华书局，1986年。

胡仔：《苕溪渔隐丛话》，人民文学出版社，1962年。

江少虞：《宋朝事实类苑》，上海古籍出版社，1981年。

黎靖德编，王星贤点校：《朱子语类》，中华书局，1994年。

李焘：《续资治通鉴长编》，中华书局，2004年。

李修生主编：《全元文》第35册，江苏古籍出版社，2001年。

刘挚著，裴汝诚、陈晓平点校：《忠肃集》，中华书局，2002年。

刘斧：《青琐高议》，古典文学出版社，1958年。

罗大经撰，刘友智校注：《鹤林玉露》，齐鲁书社，2017年。

陆佃：《陶山集》，影印文渊阁四库全书本。

陆九渊：《陆九渊集》，中华书局，1980年。

陆游著，李剑雄、刘德权点校：《老学庵笔记》，中华书局，1979年。

吕中撰，张其凡、白晓霞整理：《类编皇朝大事记讲义》，上海人民出版社，2014年。

马端临撰，上海师范大学古籍研究所、华东师范大学古籍研究所点校：《文献通考》，中华书局，2018年。

马永卿辑，王崇庆解：《元城语录解》，丛书集成初编本。

欧阳修著，李逸安点校：《欧阳修全集》，中华书局，2001年。

欧阳修撰，李之亮笺注：《欧阳修集编年笺注》，巴蜀书社，2007年。

朋九万：《东坡乌台诗案》，《丛书集成初编》本，商务印书馆，1939年。

上海师范大学古籍整理研究所编：《全宋笔记》，大象出版社，2020年。

邵伯温著，李剑雄、刘德权点校：《邵氏闻见录》，中华书局，1983年。

司马光撰，李文泽、霞绍晖校点：《司马光集》，四川大学出版社，2010年。

司马光撰，李之亮笺注：《司马温公集编年笺注》，巴蜀书社，2009年。

司马光著，李裕民校注：《司马光日记校注》，中国社会科学出版社，1994年。

司马光著，邓广铭、张希清点校：《涑水记闻》，中华书局，1989年。

司马光著，邓广铭等校注：《司马光全集：涑水记闻·温公手录·温公日录》，上海人民出版社，2022年。

苏轼著，孔凡礼点校：《苏轼文集》，中华书局，1986年。

苏辙著，陈宏天、高秀芳点校：《苏辙集》，中华书局，1990年。

脱脱等撰：《宋史》，中华书局，1977年。

俞文豹：《吹剑录全编》，古典文学出版社，1958年。

王安石撰，李壁笺注，刘辰翁评点，董岑仕点校：《王安石诗笺注》，中华书局，2021年。

王安石著，刘成国点校：《王安石文集》，中华书局，2021年。

王安石撰，王水照主编：《王安石全集》，复旦大学出版社，2016年。

王称：《东都事略》，台北："中央图书馆"，1991年。

王明清撰：《挥尘录》，上海书店出版社，2009年。

王夫之：《宋论》，中华书局，1964年。

王恽：《玉堂嘉话》，中华书局，2006年。

文彦博著，申利校注：《文彦博集校注》，中华书局，2016年。

徐松辑：《宋会要辑稿》，中华书局，1957年。

徐自明著，王瑞来校补：《宋宰辅编年录校补》，中华书局，1986年。

杨仲良：《续资治通鉴长编纪事本末》，北京图书馆出版社影印《宛委别藏》本，2003年。

杨万里撰，辛更儒笺校：《杨万里集笺校》，中华书局，2007年。

佚名：《靖康要录》，影印文渊阁四库全书本。

永瑢等：《四库全书总目》，中华书局，1965年。

张邦基：《墨庄漫录》，中华书局，2002年。

周密：《齐东野语》，中华书局，1983年。

张载：《张载集》，中华书局，1978年。

詹大和等撰，裴汝诚点校：《王安石年谱三种》，中华书局，1994年。

赵汝愚编，北京大学中国中古史研究中心点校整理：《宋朝诸臣奏议》，上海古籍出版社，1999年。

曾枣庄、舒大刚主编：《三苏全书》，语文出版社，2001年。

郑侠：《西塘先生文集》，《宋集珍本丛刊》，影印明万历三十七年刻本，线装书局，2004年。

周勋初主编：《宋人轶事汇编》，上海古籍出版社，2015年。

朱弁撰，孔凡礼点校：《曲洧旧闻》，中华书局，2002年。

朱杰人等主编：《朱子全书》，上海古籍出版社、安徽教育出版社，2002年。

二、宋史研究（国内）

包伟民：《宋代地方财政史研究》，中国人民大学出版社，2011年。

蔡崇榜：《宋代修史制度研究》，台北：文津出版社，1991年。

陈侃理：《儒学、数术与政治：灾异的政治文化史》，北京大学出版社，2015年。

陈来：《宋明理学》，生活·读书·新知三联书店，2011年。

陈植锷：《北宋文化史述论》，中国社会科学出版社，1992年。

陈钰：《论宋元时期章惇形象的历史书写》，《国学季刊》2018年第3期。

戴建国：《熙丰诏狱与北宋政治》，《上海师范大学学报(哲学社会科学版)》2013年第1期。

邓广铭：《邓广铭治史丛稿》，北京大学出版社，1997年。

邓广铭：《邓广铭全集》，河北教育出版社，2005年。

邓广铭：《北宋政治改革家王安石》，《邓广铭全集》第一卷，河北教育出版社，2005年。

邓小南：《宋代文官选任制度诸层面》，河北教育出版社，1993年。

邓小南：《祖宗之法：北宋前期政治述略》，生活·读书·新知三联书店，2006年。

邓小南主编：《政绩考察与信息渠道：以宋代为重心》，北京大学出版社，2008年。

邓小南、方诚峰主编：《宋史研究诸层面》，北京大学出版社，2020年。

方诚峰：《北宋晚期的政治体制与政治文化》，北京大学出版社，2015年。

方震华：《和战之间的两难：北宋中后期的军政与对辽夏关系》，社会科学文献出版社，2020年。

冯茜：《唐宋之际礼学思想的转型》，生活·读书·新知三联书店，2020年。

葛金芳：《宋辽夏金经济研析》，武汉出版社，1991年。

古丽巍：《宋神宗元丰之政的形成及展开》，北京大学2011年博士学位论文。

何冠环：《拓地降敌：北宋中叶内臣名将李宪事迹考述》，花木兰文化事业有限公司，2019年。

黄纯艳：《"汉唐旧疆"话语下的宋神宗开边》，《历史研究》2016年第1期。

黄锦君：《章惇传论：从章惇的宦海沉浮看北宋中后期政治风云》，《宋代文化研究》第28辑。

黄宗智：《华北的小农经济与社会变迁》，中华书局，2000年。

胡昭曦：《〈宋神宗实录〉朱墨本辑佚简论》，《四川大学学报》1979年第1期。

姜鹏：《北宋经筵与宋学的兴起》，上海古籍出版社，2013年。

姜鹏：《稽古至治：司马光与〈资治通鉴〉》，上海人民出版社，2019年。

孔学：《王安石〈日录〉与〈神宗实录〉》，《史学史研究》2002年第4期。

孔学：《王安石日录辑校》，四川大学出版社，2015年。

雷博：《试论王安石的"师臣"身份与熙宁君相关系》，《隋唐辽宋金元史论丛》第8辑，上海古籍出版社，2018年。

李华瑞：《庆州兵变与王安石变法》，《甘肃社会科学》1989年第4期。

李华瑞：《宋夏关系史》，河北人民出版社，1998年。

李华瑞：《王安石变法研究史》，人民出版社，2004年。

李金水：《王安石经济变法研究》，福建人民出版社，2007年。

李裕民：《从王安石变法的实施途径看变法的消极影响》，《历史教学(中学版)》2007年第4期。

李全德：《信息与权力：宋代的文书行政》，社会科学文献出版社，2022年。

梁启超：《王安石传》，东方出版社，2009年。

梁庚尧：《北宋的改革与变法：熙宁变法的源起、流变及其对南宋历史的影响》，台北：台湾大学出版中心，2023年。

刘成国：《王安石年谱长编》，中华书局，2018年。

刘成国：《荆公新学研究》，上海古籍出版社，2006年。

刘复生：《北宋中期儒学复兴运动（增订本）》，生活·读书·新知三联书店，2023年。

刘静贞：《皇帝和他们的权力：北宋前期》，台北：稻乡出版社，1996年。

刘力耘：《政治与思想语境中的宋代〈尚书〉学》，中国社会科学出版社，2022年。

刘浦江：《"五德终始"说之终结——兼论宋代以降传统政治文化的嬗变》，《中国社会科学》2006年第2期。

刘子健：《两宋史研究汇编》，台北：联经出版事业有限公司，1987年。

刘子健著，刘云军等译：《欧阳修：十一世纪的新儒家》，重庆出版社，2022年。

刘志琴：《张居正评传》，南京大学出版社，2006年。

林鹄：《宋哲宗即位初的政局》，《隋唐辽宋金元史论丛》第十辑，2020年。

林鹄：《忧患：边事、党争与北宋政治》，上海人民出版社，2022年。

林展：《高利贷的逻辑：清代民国民间借贷中的市场机制》，科学出版社，2021年。

黎志刚：《宋代民间借贷与乡村社会研究》，中国社会科学出版社，2022年。

罗家祥：《朋党之争与北宋政治》，华中师范大学出版社，2002年。

罗家祥：《曾布与北宋哲宗、徽宗统治时期的政局演变》，《华中科技大学学报(社会科学版)》2003年第2期。

蒙文通：《古史甄微》，商务印书馆，2020年。

漆侠：《王安石变法》，上海人民出版社，1979年。

漆侠：《宋代经济史》，南开大学出版社，2019年。

漆侠：《漆侠全集》，河北大学出版社，2009年。

瞿同祖：《中国法律与中国社会》，中华书局，1981年。

秦晖：《传统十论》，山西人民出版社，2019年。

沈松勤：《宋代政治与文学研究》，商务印书馆，2010年。

沈履伟：《曾布与熙宁变法》，《历史教学》2004年第8期。

田志光：《北宋宰辅政务决策与运作研究》，人民出版社，2013年。

王化雨：《面圣：宋代奏对活动研究》，生活·读书·新知三联书店，2019年。

王瑞来：《宰相故事：士大夫政治下的权力场》，中华书局，2010年。

王瑞来：《近世中国：从唐宋变革到宋元变革》，山西教育出版社，2015年。

王书华：《荆公新学及其兴替》，中华书局，2021年。

王文书：《宋代借贷业研究》，河北大学出版社，2014年。

王文书、王学博：《法律、伦理与民间借贷》，河北大学出版社，2018年。

王亚南：《中国官僚政治研究》，商务印书馆，2010年。

王曾瑜：《宋朝阶级结构》，中国人民大学出版社，2010年。

吴振清：《北宋〈神宗实录〉五修始末》，《史学史研究》1995年第2期。

吴钩：《宋仁宗：共治时代》，广西师范大学出版社，2020年。

吴钩：《宋神宗与王安石》，广西师范大学出版社，2023年。

夏长朴：《李觏与王安石研究》，台北：大安出版社，1989年。

夏长朴：《北宋儒学与思想》，台北：大安出版社，2015年。

肖永奎：《法度与道德：王安石学术及其变法运动述论》，上海古籍出版社，2021。

熊鸣琴、张其凡：《曾布"奸臣论"辨析——立足于北宋中后期党争的考察》，《暨南学报(哲学社会科学版)》2009年第6期。

徐道隣：《徐道隣集》，商务印书馆，2021年。

徐文明：《出入自在：王安石与佛禅》，河南人民出版社，2001年。

许兴宝：《北宋忠奸之辨研究》，阳光出版社，2017年。

姚念慈：《康熙盛世与帝王心术》，生活·读书·新知三联书店，2015年。

喻朝刚：《章惇论》，《史学集刊》1997年第1期。

叶廷芳主编：《卡夫卡全集》，中央编译出版社，2015年。

叶坦：《传统经济观大论争：司马光与王安石之比较》，北京大学出版社，1990年。

叶坦：《富国富民论：立足于宋代的考察》，北京出版社，1991年。

叶坦《大变法：宋神宗与十一世纪的改革运动》，生活·读书·新知三联书店，1996年。

余英时：《朱熹的历史世界：宋代士大夫政治文化的研究》，台北：允晨文化，2003年。

张邦炜：《宋代皇亲与政治》，郑州大学出版社，2021年。

张呈忠：《论司马光时代的新法改废与新旧党争》，《清华大学学报(哲学社会科学版)》2021年第3期。

张呈忠：《"侵牟"与"相资"——宋代主佃关系论的冲突与演变》，《中国农史》2015年第6期。

张建民：《天变灾异与熙宁变法》，《安徽史学》2015年第4期。

张其凡：《"皇帝与士大夫共治天下"试析——北宋政治架构探微》，《暨南学报》2001年第6期。

张其凡：《宋初政治探研》，暨南大学出版社，1995年。

张其凡主编：《北宋中后期政治探索》，华夏文化艺术出版社，2005年。

张仁玺：《宋代集议制度考略》，《山东师大学报（社会科学版）》1998年第2期。

张铉根：《观念的变迁：中国古代政治思想的演变》，浙江人民出版社，2022年。

张延和：《〈宋神宗实录〉"朱墨本"发微》，《史学史研究》2022年第1期。

曾瑞龙：《北宋种氏将门之形成》，浙江大学出版社，2020年。

曾瑞龙：《拓边西北：北宋中后期对夏战争研究》，香港：中华书局，2006年。

赵鼎新：《儒法国家：中国历史新论》，浙江大学出版社，2022年。

赵冬梅：《大宋之变：1063—1086》，广西师范大学出版社，2020年。

周佳：《北宋中央日常政务运行研究》，中华书局，2015年。

周良霄：《皇帝与皇权（第三版）》，上海古籍出版社，2014年。

周良霄：《知止斋存稿》，上海古籍出版社，2022年。

仲伟民：《宋神宗》，吉林文史出版社，1997年。

朱刚：《苏轼十讲》，上海三联书店，2019年。

朱刚：《"乌台诗案"的审与判——从审刑院本〈乌台诗案〉说起》，《北京大学学报（哲学社会科学版）》2018年第6期。

诸葛忆兵：《宋代宰辅制度研究》，北方文艺出版社，2019年。

朱瑞熙：《朱瑞熙文集》第二册《中国政治制度通史（第六卷 宋代）》，上海古籍出版社，2020年。

三、宋史研究（国外）

包弼德著，刘宁译：《斯文：唐宋思想的转型》，江苏人民出版社，2001年。

包弼德：《政府、社会与国家：论司马光与王安石的政治理念》，载韩明士、谢康伦编，刘云军译：《为世界排序：宋代的国家与社会》，九州出版社，2022年。

东一夫：《日本中、近世の王安石研究史》，风间书房，1987年。

东一夫：《王安石新法の研究》，风间书房，1970年。

宫崎圣明：《宋代官僚制度の研究》，北海道大学出版会，2010年。

宫崎市定著，于志嘉等译：《宋代官制序说——宋史职官志的读法（上）（下）》，《大陆杂志》，第78卷第1、2期，1978年。

Robert M. Hartwell：Historical Analogism, Public Policy, and Social Science in Eleventh- and Twelfth-Century China, *The American Historical Review*, Vol. 76, No. 3 (Jun., 1971), pp.690-727.

梅原郁：《宋代官僚制度研究》，同朋舍，1985年。

Patricia Buckley Ebrey and Maggie Bickford (eds)：*Emperor Huizong and Late Northern Song China：The Politics of Culture and the Culture of Politics*, Harvard University East Asia Center, 2006.

平田茂树：《日本宋代政治史研究述评》，载包伟民主编《宋代制度史研究百年（1900—2000）》，商务印书馆，2004年。

平田茂树著，林松涛、朱刚等译《宋代政治结构研究》，上海古籍出版社，2010年。

三浦国雄著，李若愚、张博译：《王安石：立于浊流之人》，上海人民出版社，2021年。

Anthony William Sariti：Monarchy, Bureaucracy, and Absolutism in the Political thought of Ssu-Ma Kuang, The Journal of Asian Studies, Vol. 32, No. 1 (Nov., 1972), pp. 53-76.

寺地遵著，蒋蓓译：《南宋初期政治史研究》，华东师范大学出版社，2018年。

小岛毅：《宋代天谴论的政治理念》，载沟口雄三、小岛毅主编，孙歌等译：《中国的思维世界》，江苏人民出版社，2006年。

四、政治思想史

沟口雄三著，刁榴、牟坚等译：《中国的思维世界》，生活·读书·新知三联书店，2014年。

沟口雄三著，郑静译：《中国的公与私·公私》，生活·读书·新知三联书店，2011年。

金观涛、刘青峰：《中国现代思想的起源：超稳定结构与中国政治文化的演变（第一卷）》，法律出版社，2011年。

劳思光：《新编中国哲学史》，生活·读书·新知三联书店，2015年。

梁治平：《为政：古代中国的致治理念》，生活·读书·新知三联书店，2020年。

梁启超：《先秦政治思想史》，商务印书馆，2014年。

刘泽华：《中国传统政治思想反思》，生活·读书·新知三联书店，1987年。

刘泽华：《中国政治思想史（修订版）》，浙江人民出版社，2020年。

吕思勉：《中国政治思想史》，中华书局，2014年。

马基雅维里著，潘汉典译：《君主论》，商务印书馆，2005年。

梅斯奎塔等著，骆伟阳译：《独裁者手册：为什么坏行为几乎总是好政治》，江苏文艺出版社，2014年。

牟宗三：《政道与治道》，吉林出版集团有限责任公司，2010年。

石元康：《天命与正当性：从韦伯的分类看儒家的政道》，《开放时代》1999年第6期。

汪晖：《现代中国思想的兴起》，生活·读书·新知三联书店，2004年。

王子今：《权力的黑光》，陕西人民出版社，2006年。

丸山真男著，区建英译：《福泽谕吉与日本近代化》，学林出版社，1992年。

丸山真男著，陈力卫译：《现代政治的思想与行动》，商务印书馆，2018年。

丸山真男著，王中江泽：《日本政治思想史研究》，生活·读书·新知三联书店，2000年。

萧公权：《中国政治思想史》，商务印书馆，2011年。

亚里士多德著，吴寿彭译：《政治学》，商务印书馆，1981年。

尤锐著，孙英刚译：《展望永恒帝国：战国时代的中国政治思想》，上海古籍出版社，2013年。

张千帆：《为了人的尊严：中国古典政治哲学批判与重构》，中国民主法制出版社，2012年。

周濂：《现代政治的正当性基础》，生活·读书·新知三联书店，2008年。

朱迪丝·N.施克莱著，斯坦利·霍夫曼编，王容美、阎克文译：《政治思想与政治思想家》，上海人民出版社，2022年。

五、其他社会科学

沃尔特·李普曼著，常江、肖寒译：《舆论》，北京大学出版社，2018年。

李丹著，张天虹等译：《理解农民中国：社会科学哲学的案例研究》，江苏人民出版社，2008年。

雅克·勒高夫著，周嫄译：《钱袋与永生：中世纪的经济与宗教》，上海人民出版社，2007年。

中共中央马克思恩格斯列宁斯大林著作编译局编译：《马克思恩格斯文集》第5卷，人民出版社，2009年。

乔尔·S. 米格代尔著，李杨、郭一聪译：《社会中的国家：国家与社会如何相互改变与相互构成》，江苏人民出版社，2013年。

Joel S.Migdal：*State in Society：Studying How States and Societies Transform and Constitute One Another*，Cambridge University Press，2012.

尼采著，李秋零译：《不合时宜的沉思》，上海人民出版社，2020年。

帕斯卡尔著，何兆武译：《思想录》，商务印书馆，1985年。

秦晖、金雁：《田园诗与狂想曲：关中模式与前近代社会的再认识》，语文出版社，2010年。

詹姆斯·斯科特著，程立显等译：《农民的道义经济学：东南亚的反叛与生存》，译林出版社，2001年。

马克斯·韦伯著，阎克文译：《经济与社会》，上海人民出版社，2010年。

滋贺秀三著，张建国等译：《中国家族法原理》，法律出版社，2003年。

后记

这本小书，是用北宋政治史史料中的边角料写成的，探讨的却是比党争、战争还要宽泛的一些问题。这种尝试成功与否，尚未可知。

历史学者是不大需要为自己的研究兴趣辩护的。因此，一个蒙元史研究者出于何种机缘，写了一个北宋晚期政治和思想的小题目，比起书中讨论的问题，实在是无足轻重，而且更无趣的。需要向读者交代的仅是：作者近年来的关注点，从此前的军事史、法制史，部分转向了思想史。书中对于政治事件、人物和思想的讨论，是作者在此期间所做思考的一个阶段性总结，必然有许多不成熟的地方，但不如写出来，供批评、争议。

宋代政治史的材料比元代要丰富许多，近年来的研究成果尤其引人注目。作为宋史研究的门外汉，作者在写作过程中遇到的许多疑难，在宋研究中都找到精深的专著和论文予以解答，受惠莫大焉，书中的注释和参考文献仅能列出其中很小一部分。我的同事方诚峰老师审阅了书稿，指出了若干硬伤，并提示了宝贵的修改意见，刘力耘老师在宋代灾异论方面给予我极大的教益和启发，在此一并谨致谢忱。无奈拙稿先天不足，纵有灵丹千数，亦难点铁成金，因此，书中的疏漏和错误，自然完全由作者负责，恳请读者批评指正！

癸卯年仲夏于北京

图书在版编目（CIP）数据

王安石"强辩"考：十一世纪中国政治的常识与诡辩 / 周思成著. — 贵阳：贵州人民出版社，2024.5
ISBN 978-7-221-18230-2

Ⅰ.①王… Ⅱ.①周… Ⅲ.①政治制度史 – 中国 – 北宋 Ⅳ.①D691.21

中国国家版本馆CIP数据核字（2024）第029888号

Wang Anshi Qiangbian Kao：Shiyi Shiji Zhongguo Zhengzhi de Changshi yu Guibian

王安石"强辩"考：十一世纪中国政治的常识与诡辩
周思成 著

出 版 人	朱文迅
策划编辑	汉唐阳光
责任编辑	李　康
装帧设计	陆红强
责任印制	李　带
出版发行	贵州出版集团　贵州人民出版社
地　　址	贵阳市观山湖区中天会展城会展东路SOHO公寓A座
印　　刷	北京汇林印务有限公司
版　　次	2024年5月第1版
印　　次	2024年5月第1次印刷
开　　本	870mm×1120mm　1/32
印　　张	9.25
字　　数	196千字
书　　号	ISBN 978-7-221-18230-2
定　　价	58.00元

如发现图书印装质量问题，请与印刷厂联系调换；版权所有，翻版必究；未经许可，不得转载。